MASON CURREY

Musenküsse

MASON CURREY

Musenküsse

Die täglichen Rituale berühmter Künstlerinnen

Aus dem Amerikanischen von
Jenny Merling und Anna-Christin Kramer

KEIN & ABER

Für Rebecca

1. Auflage Oktober 2019
2. Auflage August 2020
3. Auflage April 2022
4. Auflage Juli 2023

Die Originalausgabe erschien 2019
unter dem Titel *Daily Rituals. Women at Work*
bei Alfred A. Knopf, New York – Toronto

Diese Ausgabe ist eine gekürzte Version der Originalausgabe.
Quellenangaben und Bildnachweise befinden sich im Anhang.

Deutsche Erstausgabe

Druck und Bindung: CPI books GmbH, Leck
ISBN 978-3-0369-5812-5
Auch als eBook erhältlich

www.keinundaber.ch

»Wie die Zeit nach und nach unser Äußeres
verändert, so verändern Gewohnheiten
unser Inneres, unser Leben;
und man bemerkt es nicht einmal.«

Virginia Woolf,
Tagebucheintrag vom 13. April 1929

INHALT

VORWORT

Dieses Buch ist gleichermaßen Fortsetzung wie Korrektiv. Im Jahr 2014 erschien auf Deutsch *Musenküsse*, eine Sammlung kurzer Abrisse des Arbeitsalltags von Schriftstellern, Dichtern, Malern, Komponisten, Philosophen und anderen großen Künstlern. Ein Jahr später folgte mit *Mehr Musenküsse* ein Band, der auch zahlreiche deutschsprachige Künstler beleuchtete. Ich freue mich sehr, dass diese Bücher eine Leserschaft aus gleichgesinnten Voyeuren des kreativen Prozesses gefunden haben, die sich dafür interessieren, dass Beethoven jeden Morgen genau sechzig Kaffeebohnen abgezählt hat, George Balanchine am besten beim Bügeln arbeiten konnte oder Maya Angelou umgeben von einem Wörterbuch, einer Bibel, einem Satz Karten und einer Flasche Sherry in einem »winzigen, unwirtlichen« Hotelzimmer. Heute ist mir jedoch klar, dass die beiden Bände einen eklatanten Fehler hatten: Von den insgesamt 176 porträtierten Persönlichkeiten waren nur 33 Frauen. Weniger als 19% also.

Wie konnte ich diese Bücher bloß mit einem derart unausgewogenen Geschlechterverhältnis in den Druck gehen lassen? Darauf habe ich keine gute Antwort. Meine ursprüngliche Idee war es, die »klugen Köpfe« der westlichen Welt der letzten Jahrhunderte darzustellen, und ich meinte, der Erfolg des Buches würde sich aus der Gegenüberstellung von berühmten Namen und deren banalen Gewohnheiten speisen. Leider sind die bekanntesten Figuren der westlichen Literatur, Kunst und Musik nun einmal Männer. Die Tatsache, dass ich mir nicht mehr Mühe gegeben habe, die Geschichten von Künstlerinnen ausfindig zu machen, zeugt von einem erheblichen Mangel an Vorstellungsvermögen meinerseits, und ich bereue es zutiefst.

Dieser Band ist also ein verspäteter Versuch, das Geschlechterverhältnis auszugleichen; gleichzeitig soll es aber auch besser die Absicht hinter den ersten beiden Bänden widerspiegeln. Damals wollte ich nicht nur Ansammlungen wissenswerter Belanglosigkeiten für Intellektuelle zusammenstellen, sondern Lesern und Leserinnen helfen, die selbst mit kreativen Projekten kämpften, nicht genug Zeit oder die richtige Einstellung fanden. So ist es mir beim Schreiben oft ergangen, und deswegen war ich immer auf der Suche nach dem Erfolgsrezept anderer. Schrieben, malten oder komponierten die anderen jeden Tag, und wenn ja, wie lange, und um wie viel Uhr ging es bei ihnen los? Wie verdienten sie damit genug Geld, fanden ausreichend Schlaf und kümmerten sich noch um Familie oder Freunde? Und selbst wenn sie die logistischen Fragen gelöst hatten, das Wann, Wo und Wie lange, wie gingen sie mit den weniger greifbaren Problemen wie mangelndem Selbstvertrauen und Selbstdisziplin um?

Diesen Fragen wollte ich mich in den ersten beiden Bänden widmen. Aber wenn man sich auf berühmte, erfolgreiche Männer konzentriert, vergisst man schnell, dass deren Hindernisse häufig von treusorgenden Ehefrauen, Bediensteten, beachtlichen Erbschaften und – nicht zu vergessen – jahrhundertealten Privilegien größtenteils aus dem Weg geräumt wurden. Deswegen sind sie für die heutige Leserschaft nur bedingt hilfreich. Ihr Alltag, der aus fein säuberlich abgesteckten

Arbeitseinheiten, Spaziergängen und Nickerchen bestand, wirkt oft wunderlich: Anscheinend mussten sie sich nie mit banalen Themen wie Geld, Essenszubereitung und zwischenmenschlichen Beziehungen belasten.

Mit einem Fokus auf Frauen eröffnen sich dagegen aufschlussreiche neue Perspektiven auf Frust und Kompromisse. Zugegeben, viele Frauen in diesem Buch stammen ebenfalls aus wohlhabenden Familien, und nicht alle mussten tagtäglich die Hindernisse des Alltags unter einen Hut bringen. Doch viele wuchsen in einer Gesellschaft auf, in der kreatives Schaffen von Frauen ignoriert oder abgelehnt wurde, und viele hatten Eltern oder Ehepartner, die sich entschlossen gegen ihre Versuche wehrten, mehr zu sein als nur Gattin, Mutter und Hausfrau. Viele hatten Kinder und mussten schwere Entscheidungen treffen, wenn es darum ging, die Bedürfnisse ihrer Schutzbefohlenen mit den eigenen Wünschen zu vereinbaren. Praktisch jede Einzelne war mit dem Sexismus des Publikums und den Hütern des beruflichen Erfolgs konfrontiert – Herausgeber, Verleger, Kuratoren, Kritiker, Gönner und andere Mächtige, die die

Arbeit von Männern nun mal für überlegen hielten. Und damit sind noch nicht einmal die inneren Hindernisse von Künstlerinnen berücksichtigt: sämtliche Formen von Wut, schlechtem Gewissen und Verbitterung, die sich einstellen, wenn man sich seinen Platz in der Welt erkämpfen will.

Ich bin mir natürlich auch des Risikos bewusst, wenn ich Künstlerinnen und Künstler getrennt betrachte (vor allem als Mann!). Viele der Frauen, die ich hier porträtiere, waren es gewohnt, ihren Erfolg mit ihrem Geschlecht verknüpft zu sehen, und keine war sonderlich begeistert davon. Die Malerin Grace Hartigan etwa sagte gegenüber einem Reporter einmal: »Ich habe mich nie als ›weiblicher Künstler‹ gefühlt, und ich wehre mich gegen die Bezeichnung. Ich bin einfach Künstlerin.« Ich habe mir jedenfalls beste Mühe gegeben, die hier Versammelten genauso zu behandeln wie die Männer (und Frauen) in den ersten beiden Bänden. Die Porträts setzen sich aus Briefen, Tagebüchern, Interviews und Zeitzeugenberichten zusammen und sollen zeigen, wie sie tagein, tagaus ihre Arbeit erledigten.

Dennoch gibt es ein paar Unterschiede zwischen diesem Buch und seinen Vorgängern. Dort habe ich hauptsächlich Persönlichkeiten aufgenommen, deren Alltag ich vollständig rekonstruieren konnte. In diesem Band bin ich freier vorgegangen und schreibe auch über Künstlerinnen, die keinem geregelten Tagesablauf folgten – entweder, weil sie sich diesen Luxus nicht leisten konnten, oder weil sie keinen Wert darauf legten. Zudem nehme ich an, dass viele Leserinnen und Leser nicht mit den hier versammelten Namen vertraut sind. Alle spielten eine wichtige Rolle in ihrem Fach, nur manche von ihnen sind jedoch einem breiten Publikum bekannt. Daher gehe ich etwas näher auf ihre Biografien ein und stelle ihren Alltag in den Kontext ihrer Karriere.

Außerdem achte ich in diesem Band auch mehr auf die Familienverhältnisse. Der Nachwuchs stellte für zahlreiche Künstlerinnen die größte Herausforderung für ihr Zeitmanagement dar (dicht gefolgt von unselbstständigen und aufmüpfigen Ehepartnern), und um ihre alltägliche Realität abzubilden, muss ich darauf eingehen, wie sie ihre kreative Arbeit mit häuslichen Sorgen und Pflichten vereinbarten – sei es durch eine fanatische Arbeitseinstellung, geschickte Zeiteinteilung, strategische Vernachlässigung bestimmter Aufgaben oder eine Kombination der drei. Hoffentlich hilft es meiner Leserschaft außerdem besser dabei, die eigenen kreativ-logistischen Knoten zu lösen. Soweit möglich, war es meine Absicht, die täglichen Hindernisse dieser Frauen darzustellen und zu erklären, wie sie sie überwanden – sofern das der Fall war.

Damit will ich nicht den Eindruck erwecken, dass das Künstlerdasein nur aus freudloser Schinderei besteht. Auch wenn man sämtliche Reserven aufbringen muss, um der kreativen Arbeit Platz zu machen, ist sie doch oft befriedigend und erholsam. Dieser Zweischneidigkeit versuche ich mit dem vorliegenden Band gerecht zu werden – der Unmöglichkeit, »das Leben und das Projekt« miteinander zu vereinbaren, wie Susan Sontag es formulierte, ebenso wie der Unmöglichkeit, es nicht wenigstens zu versuchen. Während der Recherchen zu diesem Band geisterte mir immer wieder die Frage durch den Kopf, die Colette einst in Bezug auf George Sand gestellt hat: »Wie zum Teufel hat sie das geschafft?« Hier folgen nun vierundsechzig Versuche einer Antwort.

Coco Chanel

(1883–1971)

Chanel stammt aus ärmlichen Familienverhältnissen, verbrachte ihre Jugend im Waisenhaus und genoss nur sehr wenig Bildung. Trotz dieses schwierigen Starts ins Leben hatte sie mit dreißig ihren Namen zu einer weltbekannten Marke gemacht und war mit vierzig mehrfache Millionärin. Es überrascht wohl niemanden, dass die Arbeit ihr Leben war. Die Arbeit war auch ihre einzige Konstante. Ihre absolute Hingabe an die Marke Chanel machte sie zu einer beeindruckenden Businessfrau, für ihre Mitarbeiterinnen und Mitarbeiter war sie jedoch eine anspruchsvolle, manchmal fast unerträgliche Vorgesetzte. Ihre Biografin Rhonda K. Garelick schreibt, dass die Angestellten im Pariser Hauptgeschäft sich stets in einem Zustand »nervöser Anspannung« befanden. Garelick beschreibt Chanels Arbeitsalltag in Paris folgendermaßen:

Die Angestellten fingen um etwa acht Uhr dreißig mit der Arbeit an, Coco selbst war jedoch absolut keine Frühaufsteherin und tauchte meistens erst Stunden später auf. Wenn sie dann gegen ein Uhr erschien, wurde sie empfangen wie eine Generalin oder eine Königin. Sobald sie ihr Apartment im Ritz auf der anderen Straßenseite verlassen hatte, gaben die Hotelangestellten dort sofort im Büro in der Rue Cambon Bescheid. Ein Signal ertönte und ließ alle wissen: Mademoiselle ist unterwegs. Vor dem Eingang versprühte dann jemand etwas Chanel No. 5, damit Coco das Gebäude eingehüllt in eine Wolke ihres charakteristischen Dufts betreten konnte.

»Wenn sie dann das Studio betrat«, erinnert sich Fotograf Willy Rizzo, »erhoben sich alle wie Schulkinder, wenn die Lehrerin hereinkommt.« Man stellte sich in einer Reihe auf, die Hände an der Hosennaht – »wie beim Militär«, so die ehemalige Angestellte Marie-Hélène Marouzé.

Sobald sie im Büro war, begann Chanel sofort mit der Arbeit. Sie mochte weder Schnittmuster noch Schneiderpuppen und steckte ihre Stoffe stattdessen lieber stundenlang an lebenden Modellen fest, wobei sie eine Zigarette nach der anderen rauchte. Laut Garelick arbeitete sie »problemlos neun Stunden am Stück durch ohne etwas zu essen, ohne einen Schluck zu trinken, angeblich sogar ohne auf die Toilette zu gehen«.

Sie blieb bis spätabends im Büro und zwang ihre Angestellten, ebenfalls länger zu bleiben, servierte Wein und verwickelte sie in Gespräche, um so lange wie möglich ihre Rückkehr in das einsame, langweilige Hotelzimmer im Ritz hinauszuzögern. Sie arbeitete sechs Tage die Woche und konnte Sonn- und Feiertage nicht ausstehen. Einer Freundin vertraute sie einmal an: »Wenn ich ›Urlaub‹ nur höre, wird mir schon schlecht.«

Dorothy Parker

(1893–1967)

»Haben Sie Freunde, die vom Schreiben leben wollen, und möchten ihnen einen Gefallen tun, so wäre das Zweitbeste, ihnen ein Stilwörterbuch zu schenken«, soll Parker einst gesagt haben. »Das Erstbeste wäre natürlich, sie sofort zu erschießen, solange sie noch glücklich sind.«

Das meinte sie wohl nur zum Teil im Scherz, wenn überhaupt. Denn obwohl sie eine beliebte Autorin mit gutbezahlten Aufträgen von *Vanity Fair* und dem *New Yorker* war, hasste Parker den Schreibprozess und schaffte es oft nicht, ihre Artikel rechtzeitig abzugeben. Sie folgte eigentlich keiner bestimmten Schreibroutine, wenngleich sich in ihrer Arbeitsweise doch ein gewisses Ritual abzeichnete, ein Gerangel zwischen der widerstrebenden Autorin und ihrem Redakteur, das Marion Meade in ihrer Biografie Parkers folgendermaßen beschreibt:

»Bis aufs Schreiben macht mir alles Spaß.«

Beinahe von Anfang an schien sie es sich zur Gewohnheit gemacht zu haben, mit ihren Artikeln in Verzug zu geraten. Freitags sollten die beim *New Yorker* vorliegen. Sonntagmorgens rief jemand von der Zeitung bei Dorothy an, woraufhin sie versicherte, die Kolumne sei fast fertig, es fehle nur noch der letzte Absatz, und versprach, sie innerhalb der nächsten Stunde abzuliefern. Über den Tag wiederholte sich dies noch einige Male. Nicht selten behauptete sie, den Artikel zerrissen zu haben, weil er so grottenschlecht gewesen sei. Und an diesem Punkt fing sie dann an zu schreiben.

So lief es mit allen ihren Redakteuren. Bei *The Saturday Evening Post* erinnert sich einer von ihnen folgendermaßen: »Man sitzt herum und wartet darauf, dass sie beendet, was sie angefangen hat. *Falls* sie schon angefangen hat. Was höchstwahrscheinlich nicht der Fall ist.« Ein Redakteur beim *Esquire* sagte, das Schreiben sei für sie eine Qual. Manuskripte von ihr zu bekommen, sei in etwa vergleichbar mit einer Zangengeburt, und der Redakteur dabei Geburtshelfer. Parker verabscheute dieses Hin und Her ebenso sehr wie die Redakteure, doch ändern konnte sie es nicht. In einem Interview antwortete sie auf die Frage, was sie zum Spaß täte: »Bis aufs Schreiben macht mir alles Spaß.«

Zadie Smith

(*1975)

Über die Jahre betonte die in London geborene Romanautorin in Interviews immer wieder, sie schreibe nicht jeden Tag. Obwohl Smith es sich manchmal anders wünscht, schätzt sie doch die Tatsache, dass sie lediglich schreibt, wenn sie den inneren Drang dazu verspürt. »Ich glaube, das Bedürfnis zu schreiben muss dringlich sein«, sagte sie 2009, »denn sonst ist auch beim Lesen keine Dringlichkeit spürbar. Deshalb schreibe ich nur, wenn ich wirklich das Gefühl habe, schreiben zu müssen.« Doch selbst wenn sich dieses Gefühl einstellt, schreibt sie »sehr langsam«, sagte sie 2012,

»und ich schreibe ständig alles um, jeden Tag, wieder und wieder … Ich lese jeden Tag alles noch einmal von vorne an und überarbeite es, bis ich zu der Stelle komme, an der ich aufgehört habe. Von dort aus schreibe ich weiter. Das ist fürchterlich mühsam und gegen Ende eines langen Romans quasi nicht mehr zu bewerkstelligen.«

Smith thematisierte außerdem die Schwierigkeiten, in einer Welt unendlicher digitaler Ablenkungsmöglichkeiten zu schreiben: In der Danksagung ihres Romans *London NW* dankt sie zwei Internetblocker-Softwares, Freedom und Self Control dafür, dass sie ihr »Zeit verschafft haben«. Sie nutzt keine sozialen Medien, besaß zumindest Ende 2016 kein Smartphone und hatte auch nicht vor, sich eines zuzulegen. »Ich habe einen Laptop, es ist also nicht so, als würde ich wie eine Nonne leben«, sagte Smith. »Aber ich checke eben auch nicht alle fünf Sekunden in meiner Hosentasche meine Mails.«

Frida Kahlo

(1907–1954)

»Ich hatte zwei Schicksalsschläge in meinem Leben«, sagte Kahlo einmal. »Der erste war, dass ich von einer Straßenbahn überfahren wurde. Der zweite war Diego.«

Kahlo heiratete 1929 den berühmten Wandmaler Diego Rivera, damals zweiundvierzig, im Alter von zweiundzwanzig Jahren. Vier Jahre zuvor hatte sie mit der Malerei angefangen, während sie sich von dem schlimmen Unfall erholte, bei dem sie einen Bruch an der Wirbelsäule erlitt und ihr die Hüfte und ein Fuß zerschmettert wurden. (Sie brachte sich das Malen während der langen Genesungszeit mithilfe einer extra angefertigten Leinwand selbst bei, die sie im Bett liegend benutzen konnte.) Im Verlauf der nächsten Jahre folgte sie Rivera nach San Francisco, Detroit und New York, wo er jeweils gutbezahlte Aufträge für Wandmalereien hatte. Kahlo perfektionierte in dieser Zeit ihren Malstil, sehnte sich jedoch stets zurück nach Hause.

1934 hatte sie Rivera schließlich überreden können, nach Mexiko-Stadt zurückzukehren, wo sich die beiden vom Architekten Juan O'Gorman im reichen Viertel San Ángel ein modernistisches Haus bauen ließen. Genau genommen waren es zwei Häuser, eins für Frida, eins für Diego, die mit einer Brücke von Dach zu Dach verbunden und ringsum von einer hohen Kakteenhecke eingefasst waren. In ihrer Biografie schildert Hayden Herrera den Alltag des Künstlerpaares:

> Wenn zwischen den beiden Frieden herrschte, begann der Tag meistens mit einem ausgedehnten späten Frühstück in Fridas Haus, wo sie ihre Post durchgingen und besprachen, wer den Chauffeur benötigte, welche Mahlzeiten sie gemeinsam einnehmen würden und welche Gäste erwartet wurden. Nach dem Frühstück ging Diego in sein Atelier, manchmal machte er auch Ausflüge aufs Land, um dort Skizzen anzufertigen, und kam erst

> spätabends wieder. [...] Manchmal begab sich Frida nach dem Frühstück ebenfalls in ihr Atelier, sie malte jedoch nicht jeden Tag, manchmal wochenlang gar nicht. [...] Stattdessen ließ sie sich vom Chauffeur ins Stadtzentrum fahren und traf sich dort mit Freunden.

Eine ihrer Freundinnen, die schweizstämmige Künstlerin Lucienne Bloch, schrieb in ihr Tagebuch: »Frieda [sic] fällt ein geregelter Tagesablauf sehr schwer. Sie braucht einen genauen Plan, wie früher in der Schule. Wenn es dann aber losgehen soll, kommt immer etwas dazwischen und bringt ihr den Tag ihrer Meinung nach durcheinander.«

Die turbulente Beziehung zwischen Frida und Diego tat ihr Übriges. Die beiden wurden stets von Geldproblemen geplagt und betrogen einander immer wieder. Zu Riveras Eroberungen gehörte unter anderem Kahlos jüngere Schwester, zu Kahlos Leon Trotzki, der damals im mexikanischen Exil lebte.

Viele ihrer berühmtesten Gemälde entstanden in zwei sehr intensiven Phasen: in den Jahren 1937 und 1938 nach ihrer Affäre mit Trotzki, sowie 1939 und 1940 während der zeitweiligen Trennung und Scheidung von Rivera. (Nach etwa einem Jahr heirateten die beiden ein zweites Mal, Kahlo wohnte jedoch nie wieder in dem Haus in San Ángel, sondern lebte stattdessen in La Casa Azul, ihrem Elternhaus im Vorort Coyoacán.)

Auf Anraten von Rivera hin nahm Kahlo eine Anstellung an einer neuen Schule für experimentelle Malerei und Bildhauerei an, an der Kinder aus armen Verhältnissen kostenlos Kunstkurse besuchen konnten. Kahlo machte die Tätigkeit als Lehrerin sehr viel Spaß, aber früher oder später wurde es natürlich zu einer weiteren Ablenkung von ihrer eigentlichen Arbeit. In einem Brief aus dem Jahr 1944 beschreibt sie ihren Alltag als Lehrerin und Künstlerin:

> Ich fange um acht Uhr an und bin um elf fertig. Ich brauche eine halbe Stunde von der Schule nach Haus = zwölf Uhr. Ich kümmere mich ein wenig um den Haushalt, um halbwegs »ordentlich« zu leben, sorge also dafür, dass Essen, saubere Hand-

tücher, Seife im Haus sind und der Tisch gedeckt ist und so weiter und so fort = vierzehn Uhr. So viel Arbeit!! Ich esse etwas, dann die rituelle Waschung von Händen und Scharnieren (also Zähnen und Mund). Den Nachmittag habe ich frei und kann mich der wundervollen Kunst des Malens widmen. Irgendein Bild habe ich immer gerade in Arbeit, weil ich sie immer sofort verkaufen muss, sobald ich eins fertig habe, damit wir unsere Rechnungen bezahlen können. (Diego und ich kommen gemeinsam für die Fixkosten auf.) Abends muss ich einfach raus, ich geh ins Kino oder sehe mir irgendein dämliches Theaterstück an, dann wieder ab nach Hause und ins Bett fallen. (Manchmal kann ich nicht schlafen, dann gehts mir scheiß-tastisch!!!)

Während der Vierzigerjahre musste Kahlo sich als Folge ihres Straßenbahnunfalls mit unzähligen Erkrankungen herumschlagen. Insgesamt wurde sie über dreißig Mal operiert, und seit 1940 musste sie mehrere Korsetts aus Metall und Leder oder Gips tragen, um ihre Wirbelsäule zu stützen. Je mehr sich ihr Gesundheitszustand verschlechterte, umso schwerer fiel ihr auch das Malen. Mitte der Vierzigerjahre konnte sie weder für längere Zeit stehen noch sitzen. 1950 verbrachte die Künstlerin neun Monate im Krankenhaus, wo sie sich einer Knochentransplantation unterzog, die jedoch zu einer Entzündung führte, die wiederum mehrere Folgeoperationen nach sich zog. Kahlo nutzte die Zeit, so gut sie konnte, und griff auf die Leinwand zurück, mit der sie im Liegen malen konnte.

Wenn die Ärzte es erlaubten, malte sie vier bis fünf Stunden täglich. »Ich habe nie aufgegeben«, sagte Kahlo. »Ich habe immer gemalt, weil ich die ganze Zeit Demerol bekommen habe, das hat mir Kraft gegeben und mich bei Laune gehalten. Ich habe mein Gipskorsett bemalt und meine Bilder gemalt, ich habe mit den Ärzten herumgealbert, ich habe geschrieben, ich durfte Filme sehen. [Das Jahr] im Krankenhaus war eine einzige Fiesta. Ich kann mich nicht beklagen.«

Anna Pawlowa

(1881–1931)

»Am Tage der Aufführung bekommen die meisten Ballerinas keinen Bissen herunter«, erklärte die russische Primaballerina einmal. »Ich schon! Um fünf nehme ich eine Tasse Bouillon zu mir, ein Schnitzel und ein Cremedessert. Während des Auftritts trinke ich Wasser mit Brotkrümeln, was sehr erfrischend ist. Nach dem Ballett dusche ich so schnell wie möglich. Dann gehe ich zum Essen aus, denn zu dem Zeitpunkt plagt mich bereits schrecklicher Hunger. Zu Hause trinke ich Tee.«

So beschrieb Pawlowa ihre Zeit als Nachwuchsballerina. Mit der Zeit entwickelte sie sich zu einer der größten Tänzerinnen ihrer Ära, die im Mariinski-Theater tanzte sowie für kurze Zeit in Sergei Djagilews Ballets Russes. Auch war sie die erste Ballerina, die auf Welttournee ging und auf ihren Reisen nach Nord- und Südamerika, Neuseeland und Australien, Indien, China und

Japan und in zahlreiche weitere Länder als eine Art Botschafterin ihrer Kunstform fungierte.

Wie ihr Ehemann und Manager Victor Dandré berichtete, wurde Pawlowas gesamtes Leben auf diesen Tourneen »von der Uhr diktiert, und nichts durfte ihrer Routine in die Quere kommen«. Die Tänzerin stand gegen 9 Uhr auf, um 10 Uhr war sie bereits im Theater, um ihre umfangreichen Aufwärmübungen zu absolvieren, zunächst am Barren, dann auf der Bühne. Dies dauerte anderthalb bis zwei Stunden, bis schließlich die Kompanie für die Probe dazukam. Um eins war die Probe beendet, und alle fuhren für das Mittagessen zurück in ihr Hotel. Danach blieb Pawlowa ein Zeitfenster von etwa dreißig Minuten, um sich eine Sehenswürdigkeit der Stadt anzuschauen, in der sie gerade gastierte. Anschließend ruhte sie sich etwa neunzig Minuten lang aus, bevor sie gegen 18 Uhr wieder ins Theater fuhr. Dann schminkte Pawlowa sich (sie trug ihr Make-up immer selbst auf) und legte eine Pause für die letzte Übungsrunde auf der Bühne ein. Schließlich zog sie Perücke und Kostüm an, beendete ihr Make-up und ertrug die letzten

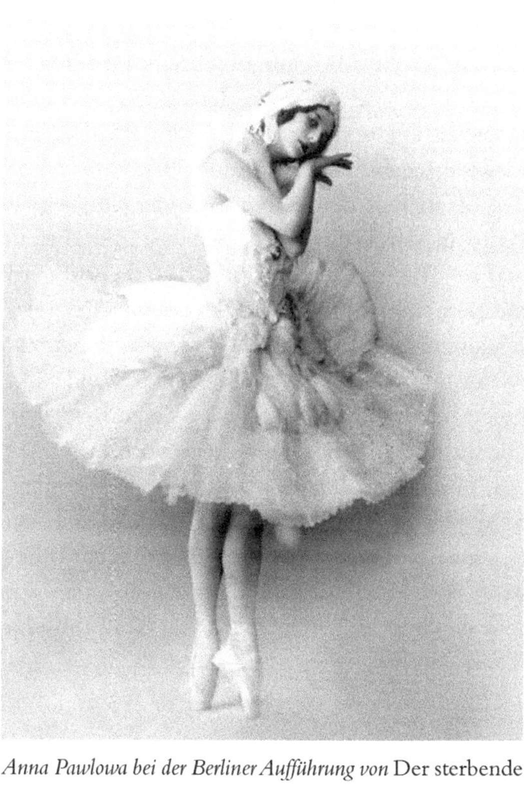

Anna Pawlowa bei der Berliner Aufführung von Der sterbende Schwan, *1908–1909*

Momente voller Lampenfieber. »Bevor sie die Bühne betrat, befand sie sich immer in einem Zustand größter Erregung«, schreibt Dandré.

In der Pause zwischen den Akten wechselte Pawlowa, falls es nötig war, Kostüm, Perücke und Make-up, dann trank sie eine Tasse schwachen Tee. Zwischen den Akten empfing sie niemals Gäste in der Garderobe, doch war die Performance erst einmal vorbei, begrüßte sie dort gern die Besucher. Zurück im Hotel, nahm Pawlowa schließlich ein leichtes Abendessen zu sich, trank weiterhin Tee und verbrachte eine Stunde mit Lesen oder Konversation, bevor sie zu Bett ging. Diesen Ablauf hielt sie an jedem Vorführungstag ein, ohne Ausnahmen. »Die Menschen denken immer, wir [Ballerinas] pflegten einen frivolen Lebensstil. In Wahrheit wäre das gar nicht möglich«, sagte Pawlowa nach ihrer ersten Tour. »Wir müssen uns zwischen Frivolität und unserer Kunst entscheiden. Sie sind unvereinbar.«

Patti Smith

(*1946)

»Wenn ich nach dem Aufstehen schlecht drauf bin, mache ich erst mal ein bisschen Sport«, erzählte die Punksängerin, Künstlerin und Schriftstellerin im Jahr 2015. »Dann füttere ich meine Katze, nehme mir Kaffee und Notizbuch und schreibe ein paar Stunden. Danach stromere ich einfach umher, mache lange Spaziergänge und so, aber eigentlich schlage ich nur die Zeit tot, bis was Gutes im Fernsehen kommt.« Smith schreibt zu Hause, meist im Bett – »Ich habe einen schönen Schreibtisch, arbeite aber lieber im Bett«, schrieb sie einmal, »wie eine Genesende aus einem Gedicht von Robert Louis Stevenson« – oder in einem Café in der Nähe ihrer Wohnung in Manhattan. Was das Fernsehen angeht, so ist sie ein großer Krimifan, sie mag vor allem die düsteren Serien und zieht Parallelen zwischen deren launischen, besessenen Kommissaren und dem Schriftstellerleben: »Die

Dichter von gestern sind die Detektive von heute«, schrieb Smith 2015 in ihrem Memoir *M Train*: »Sie haben einen Riecher für gute Zeilen und eine Nase für gute *lines*, lösen einen Fall und hinken dann erschöpft in den Sonnenuntergang. Sie unterhalten mich und geben mir Kraft.«

Miranda July

(*1974)

July ist Regisseurin, Performancekünstlerin und Autorin von Drehbüchern, Kurzgeschichten und einem Roman. Ihr Erfolg in allen diesen Domänen ist vor allem auf ihre erstaunliche Selbstdisziplin zurückzuführen, die sie allerdings nicht als ausschließlich positiven Charakterzug empfindet. July erlegt sich ständig eigene Regeln auf und hält sich beim Arbeiten mit Schuldgefühlen, Selbstkasteiung und Selbstüberlistung in unterschiedlichstem Ausmaß über Wasser. Zu ihren Tricks gehört beispielsweise, ihr »Priorität-eins-Projekt« zugunsten eines anderen, weniger dringlichen

Projekts schleifenzulassen und sich für diese Prokrastination zu geißeln, obwohl sie eigentlich weiß, dass sie am produktivsten ist, wenn sie disziplinübergreifend arbeitet.

Durch die Geburt ihres Kindes im Jahr 2012 wurde die Latte sogar noch ein Stückchen höher gelegt. »Ein Kind zu haben, ist quasi die Königsklasse der Selbstdisziplin«, sagte July 2016. »Ah, endlich mal eine Herausforderung! Mal sehen, ob ich mit einer Dreiviertelstunde pro Tag einen Roman schreiben kann!« Tatsächlich hat July ihren Debütroman *Der erste fiese Typ* während der Schwangerschaft und der ersten Lebensjahre ihres Sohns verfasst. Insgesamt brauchte sie etwa drei Jahre dafür. »Zuerst beschränkte es sich quasi darauf, der Babysitterin das Baby in den Arm zu drücken, in mein Zimmer zu gehen und eine halbe Stunde einfach irgendwas vor mich hinzuschreiben«, erzählte July. »Inzwischen ist mir klar, dass auch das wichtig war.«

July lebt in Los Angeles und arbeitet in ihrer ehemaligen Wohnung, »einem verdreckten kleinen Loch«, das sie als Büro behalten hat, als sie mit dem Filmemacher Mike Mills zusammenzog, mit dem sie inzwischen verheiratet ist. Meist steht sie um 7:30 Uhr auf und erledigt allen »Mutterkram«, der ansteht, bringt ihren Sohn zur Schule und ist dann gegen 9 Uhr im Büro. Obwohl sie ihren Arbeitstag größtenteils allein verbringt, verwendet sie jeden Morgen einige Mühe auf die Auswahl ihrer Kleidung. »Ich mag Klamotten. Sie wirken auf mich quasi wie Antidepressiva«, sagte July. »Ich schaue gern an mir herunter und erfreue mich an den Stoffen, dann habe ich das Gefühl, bereit für die Welt zu sein, selbst wenn ich mich gar nicht in der Welt da draußen bewege.«

Sie arbeitet in unterschiedlichen Disziplinen, um einen festen Arbeitsablauf zu haben, doch das Schreiben ist an den meisten Tagen ihr Hauptziel. Darauf bereitet sie sich schon zu Hause vor, indem sie ihre E-Mails überfliegt, um zu sehen, ob es irgendwo brennt und sie sich darum kümmern muss, bevor sie ins Büro geht. Denn sobald sie dort ist, aktiviert sie den Internet-Blocker für die nächsten drei bis sechs Stunden und macht sich an die Arbeit. Spazierengehen ist für sie ein wesentlicher Bestandteil des Schreibprozesses. »Oft fühlt sich das wie Schwänzen an«, erzählte July.

»Aber im Sitzen hat man eben nur eine begrenzte Anzahl an guten Ideen. Ganz kommt man ums Sitzen zwar nicht herum, denn geschrieben werden muss ja schon am Schreibtisch, aber manchmal versteinere ich da förmlich. Ich rühre buchstäblich keinen Finger und vergesse einfach, dass ich ja auch mal aufstehen und rausgehen oder in ein Buch gucken könnte oder so.« Sobald sie diese Sitzstarre überwunden hat, macht July einen Spaziergang durchs Viertel und hält eventuelle Ideen per Diktierfunktion im Smartphone fest. Durch jahrelange Erfahrung weiß sie genau, »wie viel Druck ich bei diesen Schreibspaziergängen auf mein Hirn ausüben darf«, erzählte sie. »Nicht allzu viel. Im Prinzip geht es darum, sich einzureden, dass man bloß die frische Luft genießt und höchstens kurz überlegt, wie die und die Figur das und das macht, und dann weiterspaziert.« Bei jedem Schreibprojekt kommen Hunderte dieser diktierten Notizen zusammen, die sie beim Schreiben des ersten Entwurfs konsultiert »wie eine kleine Bibel«.

Bevor ihr Sohn geboren wurde, arbeitete July immer bis 19 Uhr, doch inzwischen macht sie meist gegen 15:45 Uhr Feierabend. In seltenen Fällen wird es auch mal 17:30 Uhr, doch das ist sehr spät für sie. Durch diesen kürzeren Arbeitstag bleiben E-Mails oder andere Dinge manchmal liegen, bis ihr Sohn schläft, doch im Grunde versucht sie, abendliches Arbeiten zu vermeiden und stattdessen Zeit mit ihrem Mann zu verbringen, ehe sie gegen 22 Uhr schlafen geht.

Edith Wharton

(1862–1937)

In ihrer Autobiografie *A Backward Glance* beschrieb Edith Wharton die Aufteilung ihres Lebens in zwei »gleichsam reale und dennoch gänzlich unzusammenhängende Welten«, die »Seite an Seite, gleichermaßen faszinierend und dennoch völlig voneinander getrennt« existierten. Auf der einen Seite war da die reale Welt ihrer Ehe, ihres Zuhauses, ihrer Freunde und Nachbarn; auf der anderen die fiktionale Welt, die sie an jedem Morgen in ihrem Bett heraufbeschwor, wo sie

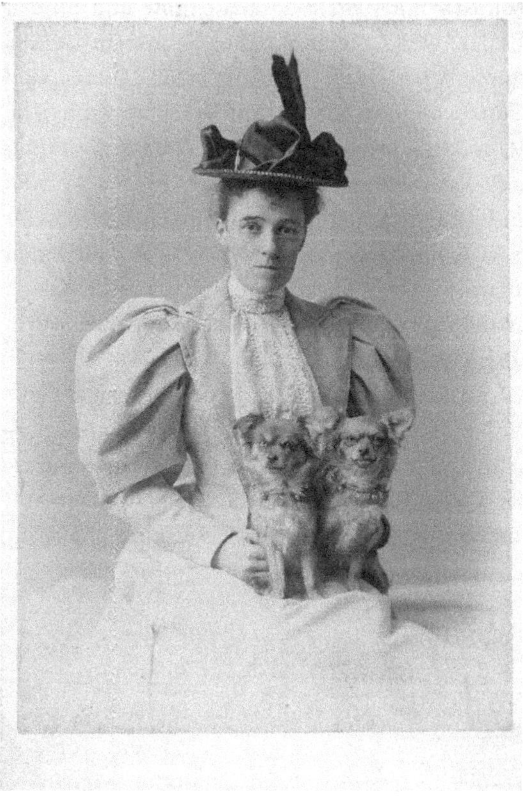

Edith Wharton mit Mimi und Miza, circa 1889

handschriftlich Seite um Seite füllte und auf den Boden warf, woraufhin ihre Sekretärin sie abtippte. Wharton arbeitete immer am Morgen, und Gäste von The Mount, wo Wharton zahlreiche Romane schrieb, darunter *Das Haus der Freude* und *Ethan Frome*, mussten sich bis etwa 11 oder 12 Uhr mittags gedulden, bis ihre Gastgeberin ihr Schlafgemach verließ und bereit war für einen Spaziergang im Garten. Wollten Gäste sie jedoch am Morgen sprechen, war Wharton willens, sie in ihrem Schlafzimmer zu empfangen.

Einer ihrer Besucher war der Historiker Gaillard Lapsley, der später eine denkwürdige Beschreibung von Wharton im Bett verfasste, »flankiert von Nachttischen, die beladen waren mit Telefon, Reisewecker und Leselampe«. Sie trug, wie er schrieb,

> ein dünnes Seidengewand mit weiten Ärmeln, losem Kragen und Spitzenbesatz, dazu eine passende Haube desselben Materials und Spitzenbesatzes auf dem Kopf, die ihr über Stirn und Ohren fiel wie ein Lampenschirm … Darunter trat Ediths

> klassisch schönes Antlitz hervor. Auf den Knien eine Schreibunterlage, auf der riskant ein Tintenfass balancierte, der aktuelle Hund ruhte unter ihrem linken Ellenbogen auf dem Bett, das mit Briefen, Zeitungen und Büchern übersät war.

Mit dem »aktuellen Hund« spielte er auf die vielen Vierbeiner an, die Wharton im Laufe ihres Lebens besaß, darunter Spitze, Zwergspaniels, einen Pudel, einen Pekinesen und zwei Langhaar-Chihuahuas namens Mimi und Miza. Hunde spendeten Wharton bereits seit frühester Kindheit großen Trost, und als sie in späten Jahren eine Liste ihrer »vorherrschenden Leidenschaften« verfasste, nahmen Hunde hinter »Gerechtigkeit und Ordnung« den zweiten Platz ein – gefolgt von Büchern, Blumen, Architektur, Reisen und »einem guten Witz«.

An den Abenden auf The Mount las sie ihren Gästen entweder aus dem Werk vor, an dem sie gerade arbeitete, oder aus den Büchern ihrer Lieblingsautoren. Sie ließ Einblicke in die Ergebnisse ihres Schaffens bereitwillig zu, nur über das

Schreiben selbst hatte sie nicht viel zu sagen. Ein Gast erinnerte sich, dass »kaum eine Andeutung dazu fiel, und kein Wort über die unendliche Arbeit, die sie in ihr Schreiben steckte, oder ihre unerschöpfliche Geduld bei der Recherche nach den rechten Materialien, um ihr den letzten Schliff zu verleihen«. Eine unausgesprochene Regel war, dass jeder Tag demselben Muster zu folgen hatte, mit so wenig Abweichungen wie nur möglich. Wie Wharton 1905 in einem Brief schrieb: »Die geringste Erschütterung der Haushaltsroutine wirft mich völlig aus der Bahn.«

Isabel Allende

(*1942)

Allende beginnt jedes Buch am 8. Januar, dem Tag, an dem sie 1981 zu jenem Brief an ihren Großvater ansetzte, der schließlich ihr erster Roman *Das Geisterhaus* wurde. »Der feste Anfangstermin war zunächst purer Aberglaube, weil es mein Glückstag war, aber inzwischen ist es eine

Frage der Disziplin«, erzählte die chilenisch-amerikanische Autorin im Jahr 2016. »Ich muss mein Leben, meinen Kalender, alles um diesen Tag herum organisieren. Ich weiß, dass ich ab dem achten Januar womöglich für mehrere Monate von allem abgeschnitten bin.«

Diese Zeit der Abschottung, während der Allende jegliche Fremdbestimmung über ihre Zeit ablehnt, sei es durch Reisen, Einladungen zu Lesungen oder Interviews, dauert jedoch nur an, bis die erste Version des Manuskripts fertig ist. Danach teilt sie ihre Zeit weniger strikt ein, schreibt jedoch trotzdem weiterhin jeden Morgen, auch am Wochenende, von kurz nach dem Aufwachen bis zur Mittagszeit. »Ich bin ein Morgenmensch«, sagte sie. »Ich stehe um sechs Uhr auf, manchmal sogar noch früher ... Dann trinke ich Kaffee mit meinem Hund, ziehe mich an, inklusive High Heels, und schminke mich, selbst wenn mich an dem Tag niemand zu Gesicht bekommt – denn das versetzt mich in die richtige Stimmung. Wenn ich im Schlafanzug bleibe, kriege ich nichts zustande.«

Allende schreibt in ihrem Arbeitszimmer unterm Dach ihres Hauses in der Nähe der San

Francisco Bay. Es ist zweigeteilt, wobei die eine Hälfte ihre gesamte Recherche für das aktuelle Buchprojekt sowie ihre Perlen beherbergt – die Schriftstellerin bastelt für ihr Leben gern Perlenarmbänder und verschenkt sie dann an Freundinnen. In der zweiten Hälfte befinden sich ein Altar sowie ein großer Schreibtisch mit einem Computer, der nicht mit dem Internet verbunden ist. »Der ist nur fürs Schreiben da«, erklärt sie. »Darauf sind lediglich das Buch und die Recherche dazu.«

Mittags hört Allende mit dem Schreiben auf, isst zu Hause eine schnelle Mahlzeit und widmet sich den unzähligen Anfragen, mit denen sie als weltweit meistgelesene spanischsprachige Autorin bombardiert wird. Für gewöhnlich beginnt sie mit den E-Mails, die ihr von ihrer Assistentin weitergeleitet werden. Der restliche Nachmittag verläuft weniger strukturiert. Wenn nicht viel zu tun ist, schreibt Allende manchmal den ganzen Nachmittag oder betreibt die ausführliche Recherche, die allen ihren Büchern – ob Roman oder Sachbuch – zugrunde liegt. Der einzige weitere Fixpunkt in ihrem Tagesablauf sind die zwei Spaziergänge mit dem Hund, während derer sie

»Beim Schreiben
trage ich
High Heels.«

es vermeidet, über ihr aktuelles Projekt nachzudenken. Am Abend macht sie sich ein einfaches Essen und geht zwischen 22 und 23 Uhr ins Bett. »Ich male mir immer wieder aus, wie ich mich nach der Arbeit mit einem Glas Wein und Musik zu einem ausgedehnten Abendessen hinsetze«, erzählte sie. »Vergessen Sie's. Ich habe gerade noch Zeit, mir das Gesicht zu waschen, dann falle ich ins Bett.«

Obwohl Allende sieben Tage die Woche viele Stunden schreibt, empfindet sie ihren jetzigen Tagesablauf als für ihre Verhältnisse relativ entspannt. Während der Arbeit am *Geisterhaus* war sie außerdem in Vollzeit als Schulleiterin beschäftigt und kümmerte sich auch noch um ihre beiden Kinder, »sodass ich nur nachts schreiben konnte – dabei bin ich wirklich keine Nachteule – und am Wochenende«. (Damals schrieb sie auf einer tragbaren Schreibmaschine auf der Küchenarbeitsplatte.) Als Allende schließlich ihren Job aufgab, um sich ganz dem Schreiben zu widmen, behielt sie den straffen Zeitplan bei und schrieb montags bis samstags von 9 bis 19 Uhr – wenn sie gerade mitten in einer Szene steckte, manchmal auch bis spät in die Nacht. Allende räumt inzwischen ein, dass sie sich womöglich zu viel zugemutet hat, eine Folge ihrer Erziehung durch den Großvater, der Wert auf strikte Disziplin legte und ihr einimpfte, wie wichtig harte Arbeit sei. »Das war sehr gut für mich, weil mich diese Einstellung durch viele Hochs und Tiefs meines Lebens getragen hat«, sagte Allende. »Doch jetzt, da mein Leben endlich ruhig und in geordneten Bahnen verläuft und ich es mir nach so vielen Büchern auch leisten kann, habe ich nicht mehr das Gefühl, mir selbst so eine strenge Arbeitsmoral auferlegen zu müssen.«

Andererseits sieht sie sich noch längst nicht mit dem Schreiben aufhören, im Gegenteil, auch nach über zwanzig Büchern genießt sie es nach wie vor. »Deshalb tue ich es ja«, sagte sie. »Natürlich liebe ich das Geschichtenerzählen. Und wie!«

Julie Mehretu

(*1970)

Mehretu stammt gebürtig aus Äthiopien, wuchs in Michigan auf, studierte Kunst am Kalamazoo College und an der Rhode Island School of Design und zog 1999 nach New York.

Sie ist für ihre vielschichtigen Bilder voller abstrakter Formen, architektonischer Skizzen und an Kalligrafie erinnernde Muster bekannt, die sich in ausgeprägter Form in ihrem sieben mal fünfundzwanzig Meter großen Wandgemälde »Mural« wiederfinden, das 2009 in der Lobby von Goldman Sachs in Lower Manhattan seinen Platz fand. An diesem Mammutprojekt arbeiteten Mehretu und ihr Team von bis zu dreißig Assistenten zwei Jahre lang. Im Anschluss an »Mural« schraubte Mehretu ihr Unternehmen auf eine Handvoll Assistenten zurück, von denen die meisten schon seit Jahren mit ihr zusammenarbeiten. »Ich muss denen nie sagen, was sie zu tun haben«, so Mehretu 2016. »Wenn überhaupt, dann ist es eher andersherum.«

Mehretu fährt täglich von ihrer Wohnung in der 118th Street über den West Side Highway zu ihrem Atelier in der 26th Street. »Die Fahrt am Fluss entlang bereitet mich auf die Arbeit vor«, sagte sie, »und auf dem Rückweg komme ich durch ihn auch wieder im Leben an. Seine Beschaffenheit, seine Farbe, die Farbe des Himmels und der Wolken – das wird alles Teil der Fortbewegung vom Atelier nach Hause und zurück.« Mehretu trifft zwischen 9 und 9:30 Uhr in ihrem Atelier ein und kümmert sich als Erstes um ihre E-Mails, wobei sie diese nicht unbedingt direkt beantwortet. (»Um E-Mails drücke ich mich gerne«, gestand sie.) Dann setzt sie sich Kopfhörer auf und hört Podcasts oder Hörbücher, während sie im Atelier umhergeht, die laufenden Projekte betrachtet und nach einem »Eingang« in ein Bild sucht. »Und dann fange ich einfach an.«

Mehretu arbeitet bis zum Mittagessen, das sie für gewöhnlich gemeinsam mit ihren Assistenten im Atelier einnimmt. Anschließend setzt sie sich wieder die Kopfhörer auf und malt weiter oder liest erst einmal ein Stündchen. Zwischen 17:30 und 18 Uhr macht sie sich auf den Heimweg, um noch etwas Zeit mit ihren zwei kleinen Söhnen zu haben, bevor diese ins Bett gehen. Früher arbeitete Mehretu länger, doch seit der Geburt ihrer Kinder sei sie viel produktiver. »Seitdem nutze ich meine Zeit bewusster und schaffe mehr«, sagte sie. »Und ich verschwende weniger Zeit.«

Hin und wieder kehrt sie noch einmal ins Atelier zurück, nachdem ihre Söhne im Bett sind. Doch eigentlich nutzt sie die Abendstunden lieber zum Regenerieren, damit sie tagsüber so intensiv wie möglich arbeiten kann. Manche Tage im Atelier vergehen im Nu, andere »laufen nicht wie geschmiert, und es ist die reinste Plackerei«. Gelegentlich vergeht ein halber oder sogar ein ganzer Tag, an dem sie »nur starrt und starrt und keinen Eingang findet«. In solchen Fällen geht sie spazieren oder schaut sich eine Ausstellung an. Doch meistens ist es am produktivsten, einfach im Atelier zu bleiben. Mehretu bezeichnet die Malerei als Medium, bei dem die Zeit eine nicht zu unterschätzende Rolle spiele, und betont, wie wichtig es ist, dass Betrachter ausreichend Zeit mit einem Bild verbringen, damit es auf sie wirken kann. Mit einem raschen Blick sei es nicht getan. Mehretu verbringt »eine Menge Zeit« damit, ihre Bilder zu betrachten, um sich selbst zu »entkörperlichen«. Manchmal, fügte sie hinzu, »kommt mir der Kopf in die Quere und macht alles kaputt«, weswegen sie Gedanken an ihren Alltag beiseiteschieben oder unterdrücken muss, wenn sie wirklich etwas schaffen will.

Die Dinge brauchen eben ihre Zeit. »Als ich nach der Geburt meines ersten Kindes im Atelier war und nicht richtig gearbeitet, sondern nur betrachtet habe, hatte ich ein richtig schlechtes Gewissen«, sagte Mehretu. »Aber dann wurde mir klar, wie wichtig das für meinen Arbeitsprozess ist und wie viel daraus entsteht, wenn man eine Verbindung zu seiner Arbeit aufbaut und man sie intuitiv versteht […], und zwar nicht nur auf der Vernunftebene. Das geht nur, indem man Stunde um Stunde mit dem Werk verbringt. Deswegen macht mir das inzwischen auch nicht mehr so viel aus.«

Harriet Jacobs

(1813–1897)

Jacobs wurde in Edenton, North Carolina, als Sklavin geboren. Nach Jahren sexueller Übergriffe ihres Masters gelang ihr schließlich die Flucht in den Norden – doch zunächst musste sie sich beinahe sieben Jahre lang im Haus ihrer Großmutter verstecken, auf einem etwa drei Quadratmeter großen Dachboden mit durchhängendem Dach, der am höchsten Punkt etwa neunzig Zentimeter hoch war. Nur nachts konnte Jacobs für kurze Zeit herauskommen, um sich etwas zu bewegen. Dies ist eine der qualvollen Erfahrungen, die Jacobs in ihrer Autobiografie *Erlebnisse aus dem Leben eines Sklavenmädchens* erzählt, die sie 1861 unter dem Pseudonym Linda Brent veröffentlichte.

Beinahe hätte Jacobs das Buch gar nicht geschrieben – als die Sklavereigegnerin und Quäkerin Amy Post ihr zum ersten Mal ein derartiges

Unterfangen nahelegte, weigerte sie sich, da sie ihre traumatische Vergangenheit ruhen lassen wollte. Doch dann beschloss Jacobs, dass es ihre Pflicht sei, der Anti-Sklavereibewegung »auf irgendeinem Weg nützlich zu sein«, und machte sich daran, ihren Lebensweg aufzuschreiben. Zu schreiben bereitete ihr keine Probleme, als Kind hatte ihre Besitzerin es ihr neben dem Lesen und dem Nähen beigebracht. Zeit für das Schreiben zu finden, war hingegen eine wahre Herausforderung. In den 1850ern, als Jacobs bereits keine geflüchtete Sklavin mehr war – ihre neue Herrin Cornelia Willis hatte sie 1852 freigekauft –, pendelte sie als Kindermädchen der Willis-Familie zwischen New York und Boston. 1853, in dem Jahr, als sie ihr Buch anfing, zog die Familie nach Idlewild auf ihr neues Anwesen im Hudson River Valley um. Dort fühlte sich Jacobs zunehmend isoliert und ausgelaugt, da sie sieben Tage die Woche rund um die Uhr die fünf Kinder versorgte, darunter ein in jenem Sommer neugeborenes Baby. Nur abends fand sie Zeit zum Schreiben, wenn die Kinder schliefen. »Noch habe ich keine einzige Seite bei Tageslicht geschrieben«, vertraute sie Post in einem Brief an, »bei allem, was ich für das Baby und die kleinen Kinder und den Haushalt tun muss, bleibt mir kaum Zeit zu denken.« In einem anderen Brief wünschte sie sich, »nur zwei ruhige Monate für mich zu haben, irgendwo anders«. Dann würde sie »Tag und Nacht durcharbeiten, auch wenn alles andere zusammenbricht«.

Manchmal schlug sie jedoch auch versöhnlichere Töne an: »Das arme Buch ist noch immer eine Raupe, und selbst wenn ich niemals einen Schmetterling daraus machen kann, gebe ich mich auch damit zufrieden, wenn es zwischen ein paar weniger illustren Kriechtieren sein Dasein fristet.« Über die Jahre kroch das Buch seiner Vollendung entgegen, und Jacobs schrieb weiterhin »in unregelmäßigen Abständen, wann immer ich die Hausarbeit für eine Stunde ruhen lassen konnte«. Nach und nach hielt sie ihre Lebensgeschichte fest, und im März 1857, nach vier Jahren Arbeit, beendete sie ihr Buch. (Im Vorwort sagte sie, man habe sie »so oft unterbrochen und fortgerufen, dass ich selbst kaum weiß, was ich aufgeschrieben habe«.) Die Veröffentlichung war eine weitere Herausforderung, die noch jahrelange Bemühungen erforderte, und als das Buch schließlich erschien, wurde es vom Ausbruch des Bürgerkriegs überschattet. Anschließend geriet es für mehrere Jahrzehnte in Vergessenheit. Doch nach seiner Wiederentdeckung im späten 20. Jahrhundert wurde Jacobs' Autobiografie endlich der Status zuteil, den sie verdiente: als ein Triumph der Beharrlichkeit und als wahre Geschichte eines unvorstellbar schweren Schicksals.

George Eliot

(1819–1880)

Mary Anne Evans veröffentlichte unter ihrem Pseudonym George Eliot sieben Romane, darunter *Middlemarch*, der zu den großen Meisterwerken der englischsprachigen Literatur zählt.

Doch das Schreiben fiel ihr nie leicht: Bei jedem neuen Roman war Eliot der Überzeugung, ihre kreativen Fähigkeiten hätten sie verlassen, und sie würde niemals wieder an frühere

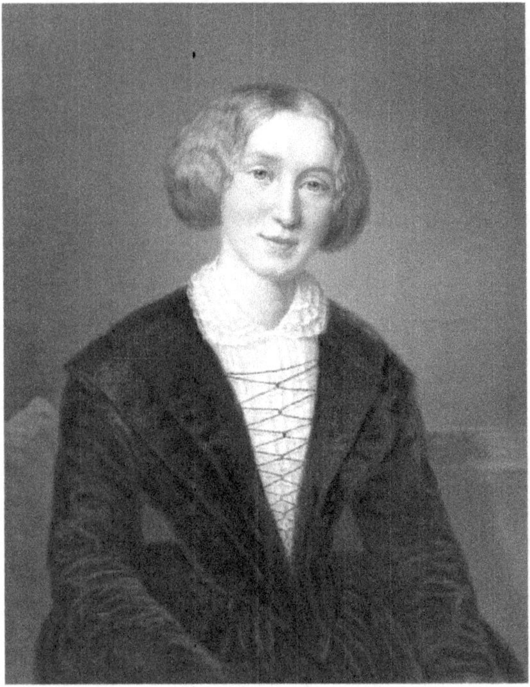

Die dreißigjährige George Eliot, porträtiert in der Schweiz, 1849

Arbeiten herankommen. Während sie sich mit *Middlemarch* abmühte, las sie noch einmal ihren 1866 erschienenen Roman *Felix Holt* und erzählte ihrem langjährigen Freund George Henry Lewes, sie »werde niemals wieder so schreiben können, was nun folgt, ist lediglich der Bodensatz vom Fass«. Das war 1872. In jenem Sommer waren Lewes und Eliot von London aufs Land gezogen, um ihr die Möglichkeit zu geben, ohne Unterbrechungen zu schreiben, und ihre neue Adresse erfuhren nur Eliots Zahnarzt und eine enge Freundin.

Diese Rückzugsstrategie hatte schon zuvor funktioniert: Auf dem Land verbrachte Eliot den Morgen für gewöhnlich mit dem Schreiben, den Nachmittag verbrachte sie mit Lewes, und obwohl die Arbeit ihr schwerfiel, kam sie auf diese Weise langsam voran. Dass Eliot in den Phasen des Schreibens häufig körperliche Gebrechen plagten, machte die Sache sicherlich nicht besser – vielleicht wurden die Leiden auch vom Schreiben ausgelöst. Während der Arbeit an *Middlemarch* litt sie an schlimmen Zahn- und Kieferschmerzen. Als sie 1876 an *Daniel Deronda* arbeitete, deuteten ihre Symptome eher auf eine Depression hin. »Während ich schrieb, hatte ich kaum einen Tag, an dem ich mich guter Gesundheit erfreut hätte«, schrieb sie. Dass Eliot ihre Romane trotz nahezu beständigen Leiden vollendete, zeugt von ihrem Durchhaltevermögen und dem beruhigenden Einfluss von Lewes, der Eliot überhaupt erst zum Romanschreiben gebracht hatte und alles daransetzte, die besten Bedingungen zu schaffen. »Unsere Liebe und unsere stetige Verbundenheit machen uns so glücklich«, schrieb Eliot, »da müssen wir eben unsere elenden Körper als Preis der Sterblichkeit hinnehmen.«

Eudora Welty

(1909–2001)

»Egal, wo ich es probiert habe, schreiben konnte ich eigentlich immer überall«, sagte die amerikanische Autorin von Kurzgeschichten und Romanen im Jahr 1972. Dennoch schrieb Welty am liebsten zu Hause, »weil das für eine Frühaufsteherin wie mich viel bequemer ist«, wie sie meinte. »Und nur dort kann man sich wirklich Zeit nehmen und Unterbrechungen vermeiden.« Die erste Version einer Kurzgeschichte schrieb sie gern in einem Rutsch, überarbeitete diese dann so lange wie nötig und schrieb die Endversion dann erneut in einem Durchgang, »sodass das Ganze am Ende einem einzigen, langen Kraftakt gleichkommt«.

Welty machte sich morgens noch im Nachthemd an die Arbeit und zog sich meist erst an, wenn sie einen Punkt in der Geschichte erreicht hatte, an dem sie eine Pause einlegen konnte. Sie schrieb im Schlafzimmer im ersten Stock ihres Hauses in Jackson, Mississippi, das ihr Vater erbaut hatte, als sie sechzehn war, und in dem sie bis an ihr Lebensende wohnte. Den ersten Entwurf schrieb sie immer mit der Schreibmaschine – »das gibt mir ein Gefühl von Objektivität«, sagte sie – und überarbeitete ihn, indem sie Passagen ausschnitt, sie mit Stecknadeln am Bett befestigte und dann neu anordnete, bis sie die richtige Struktur ihrer Erzählung ausgearbeitet hatte. (Manchmal hatte das zur Folge, dass der eigentliche Anfang der Geschichte ganz ans Ende rutschte, oder umgekehrt.)

Im Jahr 1988 wurde sie während eines Interviews gefragt, wie ihr perfekter Arbeitstag aussehen würde. »Oh Mann«, antwortete sie. »Die Gelegenheit hatte ich bisher noch nie.«

> Okay. In aller Frühe aufwachen. Ich gehöre zu den Menschen, die morgens am besten denken können. Ich wache gern startbereit auf, am liebsten in dem Wissen, dass den ganzen Tag weder das Telefon noch die Türklingel geht – und sei es mit guten Neuigkeiten – und dass niemand vorbeischaut. Das klingt furchtbar unhöflich. Aber wissen Sie, was für andere zu einem schönen Tag gehört, kann ich nicht gebrauchen. Es wäre mir egal, wo ich bin, in welchem Raum ich bin. Ich würde einfach aufstehen, mir Kaffee und ein normales Frühstück machen und anfangen zu arbeiten. Und dann hätte ich den ganzen Tag für mich! Am Ende des Tages, so gegen fünf oder sechs, würde ich Feierabend

> machen. Dann würde ich mir einen Drink genehmigen, Bourbon mit Wasser, Nachrichten schauen – »MacNeil-Lehrer News Hour« – und könnte mit dem Rest des Abends tun, wonach mir der Sinn steht.

Mittags, sagte Welty, würde sie nur ein paar Minuten Pause machen, um sich eine Kleinigkeit zuzubereiten – etwa ein Sandwich und eine Cola. Abends würde sie gemeinsam mit Freunden essen oder sich anderweitig verabreden. Doch das Entscheidende an diesem perfekten Schreibtag, sagte sie, sei das Wissen, dass der nächste Tag exakt nach dem gleichen Muster verlaufen würde. Obwohl dies mit zunehmender internationaler Berühmtheit nahezu unmöglich geworden sei, wäre ihr Traum, jeden Tag so offen und frei von jeglicher Störung oder Verpflichtung zu halten wie nur möglich. Dann wäre es völlig egal, an einem Tag einmal weniger zu schaffen, weil alles zu einem größeren Ganzen gehören würde, einem Prozess über mehrere Tage, jenem »einzigen, langen Kraftakt«, der ihr das beste Schreiben ermöglichte. »Durch vollständiges Abtauchen erkennen wir, wohin alles führt«, sagte Welty. »Nur die Arbeit selbst vermag einem etwas über die Arbeit zu sagen, die noch vor einem liegt, und so weiter. Deshalb will man auch unter keinen Umständen den Faden verlieren. Ein wunderbarer Zustand.«

Elena Ferrante

(*1943)

»Ich habe keinen festgelegten Tagesablauf«, antwortete die italienische Schriftstellerin, die ihre Romane unter Pseudonym veröffentlicht, im Jahr 2014 schriftlich auf die Frage einer Interviewerin über ihre Schreibgewohnheiten.

> Ich schreibe, wenn mir danach ist. Geschichten erzählen ist ganz schön anstrengend – was den Figuren passiert, passiert auch mir, ihre positiven und negativen Gefühle empfinde ich ganz genauso. So muss das sein, sonst schreibe ich nicht. Wenn ich erschöpft bin, mache ich das Naheliegendste:

»Ich brauche nur irgendeine kleine Ecke.«

> Ich höre auf zu schreiben und kümmere mich um die tausend dringenden Angelegenheiten, die liegengeblieben sind und ohne die das Leben nicht funktioniert.

Ferrante folgt beim Schreiben keinem festen Plan. »Ich schreibe ununterbrochen, überall und immer, egal, ob Nacht oder Tag«, sagte sie einmal. Dazu benötige sie lediglich »irgendeine kleine Ecke [...], einen ganz kleinen Raum«, in dem sie arbeiten kann, und vor allem ein Gefühl der Dringlichkeit bezüglich ihres aktuellen Projekts. »Wenn ich nicht das dringende Bedürfnis empfinde zu schreiben, dann hilft alles nichts, dann mache ich einfach etwas anderes. Es gibt ja immer was Besseres zu tun.«

Dorothy Thompson

(1893–1961)

Thompson war eine für ihren Eigensinn und ihre Furchtlosigkeit berühmte US-amerikanische Journalistin, deren dreimal wöchentlich erscheinende Nachrichtenkolumne »On the Record« Millionen von Menschen rund um den Globus erreichte. Ihrem Biografen Peter Kurth zufolge schrieb sie die Kolumne

> von Hand im Bett, in dem sie oft bis in den Nachmittag hinein lag, Zeitung las, mit Freunden telefonierte, Briefe schrieb, schwarzen Kaffee trank und eine Camel-Zigarette nach der anderen rauchte. Es war zwar stets eine Sekretärin anwesend, um ihr Diktat aufzunehmen, doch wenn sie gerade nichts anderes schreiben musste, keine Rede, keinen Artikel und auch keine ihrer regelmäßigen Radiosendungen, arbeitete sie lieber allein an der Kolumne. Erst wenn sie vollends zufrieden damit war, las sie den Text laut für alle vor, die sich gerade im Raum befanden. Sobald eine Kolumne fertig war, wurde sie schleunigst abgetippt und per Kurier an das Büro der *Herald Tribune* geschickt, wo sie auf mögliche Verleumdungen und Grammatikfehler

überprüft (ansonsten aber kaum redigiert) und dann per Luftpost oder Telegramm an die jeweiligen Zeitungen, in denen sie erschien, weitergeleitet wurde. Dann konnte Dorothy aufstehen, sich anziehen und den Rest des Tages in der Wohnung auf und ab gehen, stets mit einem gelben Notizblock in der Hand, um neue Ideen niederzuschreiben, die ihr in den Sinn kamen. Überall im Haus waren diverse Papierstapel, Parker-Füller und Schreibmaschinen von L.C. Smith verteilt, da Dorothy nie wusste, wann es sie »packen würde« und sie über irgendetwas schreiben musste. Sie schrieb, notierte, telefonierte und besprach Dinge, bis gegen Abend ihre Freunde auf einen Drink eintrudelten.

Thompsons Kolumnen umfassten jeweils tausend Wörter, und allein 1938 schrieb sie ganze einhundertzweiunddreißig davon. Hinzu kamen ein Dutzend längerer Zeitschriftenartikel, über fünfzig Reden und diverse Artikel, zahllose Radiosendungen sowie ein Buch über die Flüchtlingskrise der damaligen Zeit. Dieses Arbeitspensum bewältigte sie unter anderem mithilfe stetiger Zufuhr von Dexedrine und anderen Aufputschmitteln, die ihr Arzt ihr verschrieb. Thompson meinte jedoch, ihr wahrer Antrieb sei ihre heillose Frustration über die chronische Unfähigkeit der Menschheit. »Ich bin getrieben von hohen Dosen Adrenalin«, schrieb sie, »selbst destilliert aus der rasenden Wut, die fortwährend in mir aufsteigt. Der Wut über all die Beschwichtiger, die antriebslosen, abgestumpften und dummen Menschen, die diese traurige Welt noch immer bevölkern!«

Eleanor Roosevelt

(1884–1962)

Roosevelt mag vielleicht keine Künstlerin im eigentlichen Sinne gewesen sein, doch sie war zweifellos eine überaus kreative Frau, die mit einer Mischung aus Optimismus, Pragmatismus, Sturheit und stetigem Einsatz einen nachhaltigen gesellschaftlichen Wandel herbeiführte. Die am längsten amtierende First Lady Amerikas ging monatsweise auf Vortragsreisen, produzierte wöchentliche Radiobeiträge und gab regelmäßig Pressekonferenzen für Journalistinnen. Ab 1936 schrieb sie die Kolumne »My Day«, die ohne Unterbrechung über nahezu sechsundzwanzig Jahre sechs Tage die Woche in mehreren Zeitungen erschien. Nach dem Tod ihres Mannes im Jahr 1945 wurde Roosevelt die erste Delegierte Amerikas in den neu gegründeten Vereinten Nationen. Im Jahr darauf wurde sie erste Vorsitzende der UN-Menschenrechtskommission und war maßgeblich am Entwurf der Allgemeinen Erklärung der Menschenrechte von 1948 beteiligt. Zeitgleich engagierte sie sich in unzähligen anderen Bereichen: Sie reiste durchs Land und hielt Vorträge, war hinter den Kulissen bei den Demokraten politisch aktiv, schrieb mehrere Bücher und behielt den Überblick über einen riesigen Berg von Briefen – ihrer Autobiografie zufolge erhielt sie etwa hundert am Tag, und alle wurden beantwortet. (Die meisten Antworten schrieb eine von Roosevelts drei Assistentinnen, doch zehn bis fünfzehn Briefe pro Tag beantwortete sie selbst.)

In ihrem Buch *You Learn by Living* beschäftigte sich Roosevelt unter anderem mit der Frage, wie man seine Zeit am besten einteilt – ein Thema, mit dem sie sich ganz offensichtlich bestens auskannte:

> Ich habe dieses Problem bisher auf drei Arten gelöst: erstens, indem ich eine innere Ruhe herstelle, mit der ich von meiner Umgebung ungestört arbeiten kann; zweitens, indem ich mich nur auf das konzentriere, was gerade ansteht; drittens, indem ich mich an den stets gleichen Tagesablauf halte, in dem ich gewisse Aktivitäten gewissen Tageszeiten zuordne und im Voraus plane, was erledigt werden muss, gleichzeitig aber flexibel auf Unerwartetes reagieren kann.

Roosevelts Tag war immer randvoll mit Aktivitäten, »für gewöhnlich habe ich kaum eine ruhige Minute«, schrieb sie. Meist stand sie gegen 7:30 Uhr auf und arbeitete durchgehend bis zu ihrer Schlafenszeit gegen 1 Uhr nachts. »My Day« zu schreiben, war meist die letzte Aufgabe des Tages, häufig diktierte Roosevelt die Kolumne abends ab 23 Uhr vom Bett aus. Eine langjährige Freundin sagte einmal: »Sie kommt hervorragend mit fünf bis sechs Stunden Schlaf aus und scheint die Bedeutung des Wörtchens ›Müdigkeit‹ gar nicht zu kennen.«

Roosevelt gibt ein inspirierendes Beispiel ab – doch für ihre Assistentinnen muss es oft extrem anstrengend gewesen sein, mit ihr Schritt zu halten. Roosevelts Tochter Anna beschreibt die Arbeitsmoral ihrer Mutter als Furcht einflößend:

> Ich bin regelmäßig zusammengezuckt, wenn ich Mutter spätabends um halb zwölf [zu ihrer langjährigen Sekretärin Malvina »Tommy« Thompson] wieder mal sagen hörte: »Ich muss noch meine Kolumne schreiben.« Dann setzte sich diese müde, müde Frau an die Schreibmaschine, und Mutter diktierte los. Und beide waren so erschöpft. Ich weiß noch, wie Tommy eines Abends ungehalten sagte: »Sie müssen lauter sprechen, ich kann Sie nicht verstehen.« Und Mutters Antwort lautete:

»Sie müssen nur zuhören, dann verstehen Sie mich *wunderbar.*«

Nina Simone

(1933–2003)

In ihrer Autobiografie *I Put a Spell on You* vergleicht Simone ihre besten Auftritte mit einem Stierkampf, dem sie einmal in Barcelona beiwohnte, einer schockierenden Zurschaustellung von Gewalt, die etwas tief im Inneren der Menschen im Publikum anrührte und ihnen das Gefühl gab, als ein anderer nach Hause zu gehen. Simone spielte nach eigener Einschätzung eine ähnliche Rolle wie der Torero, und, so schreibt sie, »die Leute kamen zu meinen Auftritten, weil sie wussten, dass ich nahe am Abgrund spielte und eines Tages versagen könnte«.

Doch es war auch eine Frage der richtigen Technik, dem Publikum ein tiefgehendes Erlebnis mitzugeben, und Simone verfeinerte ihre Methoden durch jahrelange Tourneen.

Um das Publikum in meinen Bann zu schlagen, erschuf ich zunächst mit einem Lied eine bestimmte Stimmung, die ich im nächsten Lied und dann im übernächsten weiterführte. So entstand eine Art Gefühlshöhepunkt, der hypnotisch wirkte. Ich legte eine kurze Pause ein, um die Wirkung zu überprüfen, und hörte nur absolute Stille. Damit hatte ich sie. Das war immer unheimlich. Es war, als würden wir alle aus einer unsichtbaren Quelle mit Energie gespeist werden. Je größer das Publikum, desto leichter fiel es mir – als würde jeder eine bestimmte Menge Energie beitragen. Als die Klubs zu größeren Sälen wurden, bereitete ich mich immer gründlicher vor. Am Nachmittag ging ich durch den leeren Saal und sah mir an, wo die Leute saßen, wie nahe sie mir in der ersten Reihe sein würden, ob die Sitzreihen sich weiteten oder verengten, wie groß die Bühne war, wie die Scheinwerfer und Mikrofone ausgerichtet waren – eben einfach alles. Wenn ich dann auf die Bühne kam, wusste ich genau, womit ich es zu tun hatte.

Vor wichtigen Konzerten übte Simone stundenlang allein und spielte mitunter so lange Klavier, dass ihre Arme sich »komplett verkrampften«. Auch ihre Band musste sich umfassend vorbereiten – sämtliche Details waren einstudiert, und sie versammelte gleichgesinnte Musiker um sich, die verstanden, was für ein Erlebnis sie dem Publikum bereiten wollte. Am Abend des Auftritts gab

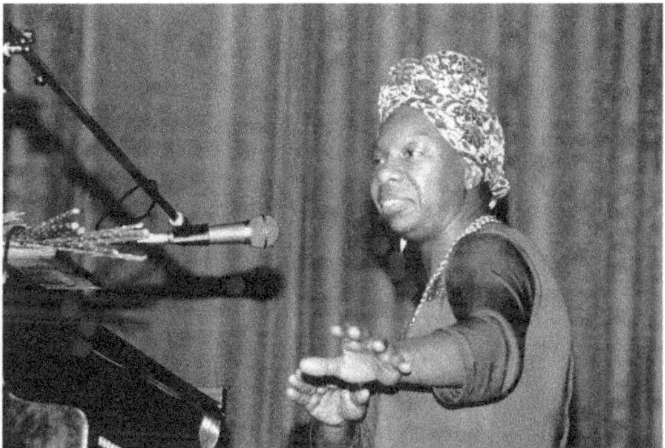

Nina Simone bei einem Konzert in der Bretagne, 1982

sie die Setlist erst im letzten Moment an die Band weiter, manchmal sogar erst auf dem Weg auf die Bühne. Bevor sie die Lieder auswählte, wollte sie die Stimmung von Publikum und Location so lange wie möglich aufsaugen. Wenn sie dann die Bühne betrat, war sie »exakt auf die Atmosphäre im Publikum eingestimmt«, versuchte aber gleichzeitig, nur für sich zu spielen und die Zuhörer ihre Gefühlswelt erleben zu lassen. Allen Vorbereitungen zum Trotz konnte Simone nie vorhersagen, wann einem Auftritt der Sprung von der professionellen Performance hin zur nachhaltig prägenden Erfahrung für alle Beteiligten gelang. »Was auch immer da draußen unter den Scheinwerfern passierte«, schrieb sie, »war hauptsächlich Gottes Werk, und ich war lediglich ein Punkt auf der Linie, auf der er sich bewegte.«

Germaine de Staël

(1766–1817)

»Man muss sich im Leben entscheiden zwischen Langeweile und Leiden«, schrieb Madame de Staël im Sommer 1800 einem Freund. Sie selbst entschied sich mit Stolz für das Leiden.

Die schweizerisch-französische Schriftstellerin wurde in eine Familie mit ungeheurem Wohlstand und Status hineingeboren. Ihr Vater war der Finanzminister von Ludwig XVI., ihre Mutter eine zentrale Figur in den Pariser Salons. Doch Madame de Staëls offene Kritik an Napoleon zwang sie ab 1790 ins Exil, welches sie größtenteils auf dem Schweizer Landsitz der Familie in Coppet verbrachte, der daraufhin zum Treffpunkt und zur Ideenschmiede vieler westlicher Intellektueller wurde. Dort schrieb de Staël unzählige politische und literarische Essays, auch wenn ihr Arbeitspensum für ihre Gäste oft nicht ersichtlich war. »Madame de Staël arbeitete recht viel, jedoch nur dann, wenn es nichts Besseres zu tun gab; jedes noch so geringe gesellschaftliche Vergnügen hatte stets Vorrang«, bemerkte eine der Besucherinnen. Dies entspricht nicht ganz der Wahrheit. In seiner Biografie Staëls zeichnet J. Christopher Herold ein differenzierteres Porträt ihres Lebens in Coppet:

> Das Frühstück wurde zwischen zehn und elf serviert. Danach wurden die Gäste sich selbst überlassen, während Germaine sich ihrer geschäftlichen Korrespondenz, ihrer Buchhaltung und der Verwaltung ihres Anwesens widmete, und, falls noch Zeit blieb, auch dem Lesen und Schreiben. Auf ihre Gäste wirkte es, als täte sie nichts, denn sie war in der Lage, sich mit mehreren Dingen gleichzeitig zu beschäftigen, und Unterbrechungen brachten sie nicht aus dem Konzept. Auf Kutschfahrten machte sie Notizen, hielt Gespräche aufrecht, während sie Briefe diktierte, und arbeitete zwischendurch an ihren Büchern, egal, wo sie war oder was um sie

herum geschah. Selbst ihre engsten Vertrauten waren verblüfft, wie sie schreiben konnte, wenn doch scheinbar keine Zeit zum Schreiben war. Ihr Geheimnis war keine besonders gute Zeiteinteilung, sondern im Gegenteil vielmehr die fast völlige Abwesenheit jeglicher Struktur. Die meisten Menschen verschwenden einen Großteil ihrer Zeit auf den Versuch, sich zu konzentrieren, und auf die Erholung von derartigen Strapazen. Zwischen Vorbereitung und Entspannung bleibt so kaum Zeit für die eigentliche Arbeit. Madame de Staël, stets konzentriert, nie müßig, war mit einem Geist gesegnet, der sich in Sekundenschnelle mit dem befassen konnte, was gerade ihre Aufmerksamkeit verlangte.

Da man in Coppet erst zwischen 10 und 11 Uhr frühstückte, wurde das Mittagessen gegen 17 Uhr und das Abendessen nicht vor 23 Uhr serviert. Zwischen den Mahlzeiten ging man spazieren oder auf eine Kutschfahrt, man musizierte, fand Zeit für Gespräche und Spiele. Nach dem Abendessen setzte man die Gespräche bis in die frühen Morgenstunden fort, allen voran Madame de Staël und ihr engster Kreis. De Staël schlief nachts nur wenige Stunden – und dies auch nur dank einer gewissen Dosis Opium. Dasselbe Durchhaltevermögen erwartete sie auch von ihren Vertrauten. »Wie alle Schlaflosen«, schreibt Herold, »deutete sie Müdigkeit bei anderen missbilligend als Ausdruck von Unzufriedenheit.« De Staëls langjähriger Geliebter, der Politiker und Autor Benjamin Constant, sagte über sie, er habe »niemals eine Frau gekannt, die einen so ununterbrochen in Anspruch nahm, ohne sich dessen bewusst zu sein«. Er schrieb: »Jedermanns Leben muss zur Gänze, in jeder Stunde, in jeder Minute, jahrelang, zu ihrer Verfügung stehen, sonst gibt es einen Ausbruch wie alle Gewitter und Erdbeben zusammen.«

Edith Head

(1897–1981)

»Um in Hollywood als Kostümbildnerin Erfolg zu haben, muss man eine Mischung aus Psychiaterin, Künstlerin, Modeschöpferin, Schneiderin, Nadelkissen, Historikerin, Kindermädchen und Einkäuferin sein«, erklärte Head einmal.

Sie musste es ja wissen: Im Laufe ihrer sechzig Jahre im Geschäft entwarf sie Kostüme für über eintausendeinhundert Filme, wurde fünfundvierzig Mal für einen Oscar nominiert (und gewann acht davon) und brachte es selbst zur Stilikone, stets erkennbar an ihrem kurzen Pony, den monochromatischen Hosenanzügen und der getönten Brille, die sie auch in Innenräumen niemals absetzte. Head, eine ehemalige Lehrerin, heuerte im Alter von sechsundzwanzig Jahren in der Kostümabteilung der Paramount Studios an und arbeitete sich zur rechten Hand von Travis Banton nach oben, *dem* Kostümbildner der Goldenen Ära

Hollywoods schlechthin. Als Banton im Jahr 1938 Paramount den Rücken kehrte, übernahm Head die Abteilung. »Das ging alles recht übergangslos. Kein großes Trara, es knallten keine Champagnerkorken, und mehr Gehalt bekam ich auch nicht«, erinnerte sie sich Jahrzehnte später. »Ich arbeitete damals sechs Tage die Woche fünfzehn Stunden am Tag, und genau das machte ich eben weiter.«

Während der 1930er und 1940er arbeitete sie an dreißig bis vierzig Filmen pro Jahr und war oft für die Garderobe der Stars in vier oder fünf Filmen gleichzeitig verantwortlich. Ihr Erfolg war neben ihrem künstlerischen Talent und ihrem Arbeitsethos auch ihrem Fingerspitzengefühl geschuldet, mit dem sie den übergroßen Egos und Hitzköpfen begegnete, die in Hollywood zur Filmproduktion dazugehören. Sie meinte einmal sogar, sie sei »eine bessere Diplomatin als Kostümbildnerin. Ich weiß, wem ich zu gefallen habe.«

In einer perfekten Welt wäre sie ihre Arbeit am liebsten noch akribischer angegangen, doch dafür war in Hollywood kein Platz. »Innerlich war ich die reinste Primadonna. Die Kostüme sollten entweder genau nach meiner Vorstellung geschneidert werden oder überhaupt nicht«, gestand Head. »Doch nach außen hin war ich die ideale Angestellte, kam mit allen zurecht und war immer pünktlich. In Hollywood«, fügte sie hinzu, »lernte ich, meine künstlerischen Bedürfnisse zu unterdrücken.«

Ihr unverkennbarer Kleidungsstil wurde ebenfalls aus der Not heraus geboren. Nachdem Head die Kostümabteilung von Paramount übernommen hatte, wurde ihr schnell klar, dass einzig und allein die Schauspieler im Mittelpunkt zu stehen hatten. »Weder in meinem Atelier noch in meinem Büro oder meinen Ankleideräumen verwende ich Farben«, sagte sie.

> Und ich trage niemals Farben. Niemals. Nur Beige, manchmal auch Grau (mein Lieblingston ist Beigegrau), Weiß oder Schwarz. Wenn ich hinter einer glamourösen Schauspielerin stehe, die ein glamouröses Kleid anprobiert, will ich keine Blicke auf mich ziehen. Die Schauspieler sollen sich auf sich selbst konzentrieren.

> Bilder an der Wand oder mein grell gekleidetes Spiegelbild würden da nur ablenken. Ich tue so, als würde ich überhaupt nichts auf meinen eigenen Stil geben. Diese Menschen müssen voll und ganz in ihrem Abbild aufgehen.

Bei einer anderen Gelegenheit fügte sie dem hinzu: »In meinem Atelier bin ich immer die kleine Edith mit der dunklen Brille und dem beigefarbenen Anzug. Das ist meine Überlebensstrategie.«

Marlene Dietrich

(1901–1992)

»Die Dietrich war nicht schwierig, sie war eine Perfektionistin«, erinnerte sich Edith Head (→ S. 81), die die deutsche Schauspielerin Ende der 1930er für mehrere Filme einkleidete. »Sie war unglaublich diszipliniert und voller Energie. Manchmal arbeitete sie den ganzen Tag bis zur Erschöpfung, bekam dann noch einmal einen

**»Je mehr
Arbeit,
desto weniger
Zeit für
Neurosen.«**

Energieschub und arbeitete die Nacht durch, damit etwas genau richtig wurde. Einmal arbeiteten wir sechsunddreißig Stunden am Stück, von Montag früh bis Dienstagabend, um ein Kostüm für Mittwochabend fertigzustellen […]. Ihr Durchhaltevermögen und ihre Entschlossenheit waren beeindruckend.«

Ein anderer Kostümbildner berichtete, Marlene Dietrich »stieg aus dem Flugzeug, marschierte durch die Requisite und stand dann acht bis neun Stunden reglos da, während wir die Kleider anpassten«. Auch hinsichtlich Maske, Licht und Schnitt war sie Perfektionistin. Ihre Kenntnisse stammten aus der intensiven Zusammenarbeit mit Josef von Sternberg, der ihr 1930 mit *Der Blaue Engel* und sechs weiteren Produktionen zu Ruhm verhalf.

Auch außerhalb des Studios ließ die Dietrich nicht nach; Untätigkeit war ihr zuwider. »Es ist eine Sünde, nichts zu tun«, schrieb sie. »Es gibt immer eine Möglichkeit, zu etwas nützlich zu sein.« Kochen und Haushalt waren für sie »nicht nur die beste Beschäftigungstherapie, sondern auch die nützlichste«, und sie widmete sich beidem hingebungsvoll. »Je mehr Arbeit«, schrieb sie, »desto weniger Zeit für Neurosen.«

Cindy Sherman

(*1954)

Sherman ist eine der wichtigsten amerikanischen Künstlerinnen der Gegenwart. Ihre erstaunliche Karriere basiert auf ihren Selbsttransformationen, bei denen sie sich mit Make-up, Perücken, Kostümen und plastischen (sowohl realen als auch virtuellen) Hintergründen selbst zum Motiv von Fotografien macht, die sich mit Selbstdarstellung, Verwundbarkeit, dem Altern und Einsamkeit befassen und dabei immer wieder Bezug nehmen auf Kunstgeschichte, Starkultur und gesellschaftliche Schönheitsideale. Sie arbeitet seit jeher allein – bei den wenigen Gelegenheiten, zu denen sie Freunde oder Familie als Models eingebunden habe, sagte sie einmal, sei sie befangen gewesen und hätte das Gefühl gehabt, sie bei Laune halten zu müssen. »Selbst die Gegenwart einer Assistentin«, sagte Sherman 2012, »machte mich befangen. Ich hatte ständig das Gefühl, beschäftigt wirken zu müssen, statt einfach meine Gedanken schweifen zu lassen, mir online oder in Zeitschriften Bilder anzuschauen, oder zu tun, wonach mir gerade war.« Außerdem hatte Sherman bei der Zusammenarbeit mit anderen den Eindruck, sie hätten Spaß an der Sache (»als hätten wir Halloween oder würden Verkleiden spielen«), was ausdrücklich nicht ihr Ziel ist. 2003 sagte sie in einem Interview: »Ich versuche, eine Ebene zu erreichen, die mit Spaßhaben nichts zu tun hat [...] Nicht einmal ich weiß, wohin ich mit einem Bild will, wie sollte ich es da jemand anderem erklären? Ich selbst benutze nur einen Spiegel, um etwas heraufzubeschwören, was ich erst erkenne, wenn ich es sehe.«

In ihrem Atelier stellt Sherman einen Spiegel neben die Kamera und stellt sich beim Hineinschauen vor, »ein anderer Mensch zu *werden* ... es ist, als wäre ich in Trance«, sagte sie 1985. An einen bestimmten Zeitplan hält sie sich dabei nicht: »Künstlerin zu sein ist kein Acht-Stunden-Job«, sagte sie einmal. Sie kann deshalb auch nie voraussagen, wie viel Zeit sie für ein Foto braucht. »Ich würde sagen, es ist Glückssache«, erklärte sie einmal bezüglich ihrer zwischen 1988 und 1990 entstandenen »History Portraits«, einer Serie unkonventioneller Hommagen an die Gemälde alter Meister. »Bei ein paar der historischen Porträts habe ich das Gefühl, ich hätte sie in wenigen Stunden rausgehauen. Bei anderen dachte ich am Anfang, ich weiß, was ich will, aber dann arbeite ich tagelang am gleichen Bild und bin nie ganz zufrieden. Es ist jedes Mal anders.«

Auch bei der Frage, wann eine Serie komplett ist, verlässt sie sich auf ihre Intuition. »Meist gibt es einen Moment, an dem ich sage: ›Jetzt reicht's, ich hab keine Lust mehr‹, oder ich merke, ich fange mich innerhalb einer Serie an zu wiederholen«, erklärte Sherman im Jahr 2012. »Dann gehe ich mit der Serie in Produktion – dafür gibt es für gewöhnlich eine Deadline, also konzentriere ich mich darauf und kümmere mich um alles, was für eine Ausstellung nötig ist. Danach bin ich meist so ausgelaugt und abwesend, dass ich Ordnung im Atelier schaffe und alles wegräume. Obwohl ich immer Ideen im Hinterkopf habe, können Jahre vergehen, bis ich wieder einen Fuß ins Atelier setze.«

Tatsächlich sind die manchmal jahrelangen Pausen zwischen den einzelnen Fotoserien eine Konstante in ihrer Karriere. Während dieser Zeit glaubt Sherman, nie wieder ein Foto machen zu wollen – doch irgendwann zieht es sie unweigerlich zurück an die Arbeit.

Sheila Heti

(*1976)

Die kanadische Autorin von Romanen und Kurzgeschichten sagte im Jahr 2016: »Ich habe mich lange Zeit als Versagerin gefühlt, weil ich nicht so einen Tagesablauf hatte wie die Schriftstellerinnen, über die ich im *Paris Review* gelesen hatte. Mit ihren perfekten Zeitplänen und ihrer ›Disziplin‹ hatte mein Alltag so gar nichts zu tun.« Sie wüsste, dass man zum Schreiben Disziplin bräuchte, nur sei sie »leider grundsätzlich kein Mensch, der besonders lang durchhält – sei es

Sport, eine Diät oder sonst was«. Ihre Motivation lasse immer sehr schnell nach. Mit der Zeit stellte Heti jedoch fest, dass ihr weniger streng reglementierter Ansatz genau der richtige für sie war:

> Je älter ich werde, desto größer ist mein Bedürfnis, mein Leben und Schreiben in Einklang zu bringen. Ich will nicht, dass meine Bücher oder das Schreiben an sich losgelöst sind von dem, was ich ohnehin tun oder denken würde – mein Schreiben soll sich nicht von meinen Gedanken im Alltag unterscheiden. Ich weiß nicht, ob dieser Standpunkt sich zwangsläufig aus der Tatsache ergibt, dass es mir nicht gelingt, dem Schreiben einen eigenen Platz einzuräumen, an dem ich mir fremde Welten ausmalen kann, oder ob das Gegenteil der Fall ist, aber für mein Leben und Schreiben ist wichtig, dass es nahtlos ineinander übergeht, dass es ein und dasselbe ist. Ich will mich jederzeit an den Computer setzen können, sei es tagsüber oder nachts, für zehn Minuten oder zwei Stun-

den, und direkt meine Gedanken niederschreiben. Ich will, dass Schreiben und Leben eins sind, dass mein Schreiben einfach mein Leben ist, nur auf dem Blatt, einer Seite – eine Fortsetzung des Lebens, das ich geführt habe, bevor ich mich zum Schreiben hinsetzte.

Heti arbeitet von zu Hause aus, in der Wohnung in Toronto, die sie gemeinsam mit ihrem Freund bewohnt. Die beiden haben keinen festen Rhythmus, sondern stehen zwischen 7 und 9 Uhr auf und gehen zwischen 22 Uhr und Mitternacht ins Bett. Sofort nach dem Aufstehen trinkt Heti ein bis zwei Tassen Kaffee, danach verbringt sie entweder Zeit mit ihrem Freund, falls dieser noch nicht zur Arbeit muss, oder klappt ihren Laptop auf und fängt an zu arbeiten. »Ich versuche, meine Mails nicht vor Mittag zu checken, scheitere aber nahezu täglich«, erzählte sie. Sie schreibt im Bett oder auf der Couch (»Ich habe zwar einen Schreibtisch, aber den benutze ich nie«) und beginnt an jedem Tag, an dem sie schreibt, ein neues Dokument. Manchmal schreibt sie wochen-

und monatelang fast gar nicht, doch dann kommt wieder ein Monat, in dem sie täglich »Tausende von Wörtern« schreibt. »Vermutlich gibt es ein gewisses System dahinter, aber dem bin ich noch nicht auf die Schliche gekommen«, sagte sie. »Ich weiß allerdings, dass ich in der Lutealphase meines Menstruationszyklus mehr schreibe, also in den zwei Wochen vor meiner Regel, weil ich dann emotionaler bin und das Schreiben brauche, um mich zu sortieren, zu beruhigen und meine Gedankenstränge zu entwirren.«

Hetis Schreiben lässt sich in zwei Kategorien unterteilen: einerseits die Anfälle kreativen Schreibens, die sie bisweilen überkommen, und andererseits das alltäglichere Schreiben. Letzteres geschieht häufig in tagebuchartiger Form, und der Großteil dieses Materials wird nie veröffentlicht. Irgendwann kommt immer der Punkt, an dem Heti merkt, dass ein Buch fertig ist und sie bereits das nächste schreibt, und dann macht sie sich an die schwierige Aufgabe, das gerade fertiggestellte Buch zu überarbeiten. »Ich brauche unfassbar lange, um einen Text zu überarbeiten und umzustellen, weil ich meine Bücher nicht chronologisch schreibe. Deshalb ist der schwerste Part am Schreiben das Festlegen der richtigen Reihenfolge, und was ich im Buch haben möchte und was nicht«, sagte sie. »Ich schreibe ungefähr fünfundzwanzig bis fünfzig Seiten für jede Seite, die ich veröffentliche.« Sie schreibt nie eine Szene neu – wenn sie nicht auf Anhieb sitzt, schafft sie es eben nicht ins Buch –, verbringt jedoch viel Zeit mit dem Umformulieren einzelner Sätze, sowohl am Computer als auch auf Papier. Irgendwann mailt sie die Datei an einen Copyshop in der Nähe und trägt dann das ausgedruckte und spiralgebundene Manuskript eine Weile mit sich herum, liest es an den unterschiedlichsten Orten und nimmt weitere Änderungen vor. Doch oft kehrt sie am Ende zur ursprünglichen Version zurück, die ihr, wie sie sagt, eigentlich immer am besten gefällt.

Alice Walker

(*1944)

Walker schrieb ihren dritten Roman *Die Farbe Lila* Ende der 1970er, wobei sie an Wochentagen zwischen 10:30 Uhr und 15 Uhr arbeitete, während ihre kleine Tochter in der Schule war. (Dank eines Guggenheim-Stipendiums konnte sie Vollzeit an dem Buch arbeiten, oder zumindest immer dann, wenn ihre Tochter nicht zu Hause war.)

Sie hatte sich fünf Jahre für das Buch nehmen wollen, war jedoch bereits nach einem knappen Jahr fertig. Walker schrieb schnell, aber auch nur, weil sie sich eingehend mit dem Buch befasst hatte, bevor sie es niederschrieb. Nach eigener Aussage braucht sie für neue Werke eine Reifephase von ein bis zwei Jahren, bevor sie auch nur ein Wort zu Papier bringt. In dieser Zeit denkt sie intensiv über das Buch nach und macht sich »den Horizont frei«, um sich auf nur diese eine Sache konzentrieren zu können. Das ist für sie eine unabdingbare Voraussetzung für das Schreiben. Wie sie 2006 sagte: »Um einen Gast einzuladen, somit also auch die Kreativität, muss man erst einmal Platz schaffen.«

Walkers Schreibprozess mag recht simpel klingen, doch das Gegenteil ist der Fall. Im Jahr 1982 veröffentlichte sie einen Essay über die Entstehung von *Die Farbe Lila*, in dem sie das Jahr beschreibt, das sie mit den Figuren verbrachte, bevor sie sich an die Arbeit machte. Anfangs wohnte sie in Brooklyn, doch ihren Figuren habe es in der Stadt nicht gefallen. »Warum ist hier alles so groß?«, hätten sie gefragt. Daher packte Walker ihre Siebensachen und zog nach San Francisco. Doch auch dort waren ihre Figuren unglücklich. Sie brauchten einen Platz, der dem Ort der Handlung, einer Kleinstadt in Georgia, näherkam. Deswegen zog Walker erneut um, diesmal in ein kleines Häuschen auf einem Apfelhain im kalifornischen Boonville, zwei Stunden nördlich von San Francisco. Und dort sprachen ihre Figuren endlich mit ihr. »Wir saßen zusammen da und unterhielten uns«, schrieb Walker. »Sie waren sehr zuvorkommend, einnehmend

»Ich mache
mir den
Horizont
frei.«

und gut gelaunt. Sie selbst befanden sich natürlich bereits am Ende ihrer Geschichte, aber mir erzählten sie sie noch einmal von Anfang an.«

Dann gesellte sich Tochter Rebecca dazu, die während der Umzüge bei Walkers Exmann gelebt hatte. Zunächst kamen die Figuren nicht sonderlich gut mit der Umstellung zurecht, so die Autorin. Sie »wurden stiller, kamen nicht mehr so oft vorbei, waren insgesamt sehr skeptisch gegenüber dieser neuen Person bei mir im Haus«. Glücklicherweise schlossen die Figuren Rebecca dann doch schnell in ihr Herz, besonders Protagonistin Celie. »Und wenn Rebecca [von der Schule] nach Hause kam und zu ihrer Mutter in den Arm wollte, wartete Celie schon auf sie und wollte sie ebenfalls umarmen.«

Rebecca Walker wurde später selbst Schriftstellerin, aus ihrem Mund klingt die Geschichte jedoch nicht ganz so romantisch. Sie empfand die Kindheit bei einer Mutter, die sich so intensiv mit ihren Figuren verbunden fühlte, als eine Zeit ohne Halt in ihrem Leben. (Im Erwachsenenalter brach sie den Kontakt zu ihrer Mutter schließlich ganz ab.) Alice Walker sieht jedoch keinen Grund, sich für die Entscheidungen zu rechtfertigen, mit denen sie ihr Lebenswerk umsetzte. »Eigentlich hat mich noch nie interessiert, was andere über mich denken«, sagte sie 2014. »Ich habe mich schon als Kind einzigartig gefühlt und mir immer gesagt, dass ich mich nicht von meinem Weg abbringen lassen darf, dass ich meiner Bestimmung nachgehen muss.«

Virginia Woolf

(1882–1941)

In einem Essay für die *Vogue* von 1925 lobt Woolf den irischen Schriftsteller George Moore dafür, »sich ein filigranes Geschenk mühsam zu erkämpfen«. Auch ihren eigenen Schreibprozess hätte sie so beschreiben können, denn er war immer stockend, schwierig, unberechenbar. »Ein guter Tag, dann ein schlechter Tag, so geht es wieder und wieder«, schrieb Woolf im Juni 1936 in ihr Tagebuch. »Nur für wenige ist das Schreiben eine derartige Folter wie für mich. Vermutlich nur für Flaubert.« Wie auch Gustave Flaubert (→ Band II) folgte Woolf festgelegten Arbeitszeiten: Die meiste Zeit ihres Lebens hielt sie sich daran, jeden Tag von 10 bis 13 Uhr zu schreiben, wobei sie ihre Fortschritte in ihrem Tagebuch festhielt und sich selbst für unproduktive Tage schalt. »Diese selbst auferlegten Routinen und die Struktur in ihrem Arbeitsleben waren für sie von zentraler Wichtigkeit«, schrieb ihre Biografin Hermione Lee. »Ihre Texte (Romane und Kritiken) verfasste sie in den ersten Stunden am Morgen. Die Zeit vor dem Mittag war zum Überarbeiten (oder Spazieren oder Drucken) gedacht. Nach dem Abendbrot schrieb sie Tagebuch oder Briefe, der Abend war zum Lesen da (oder für Gäste).« Spätabends schrieb sie nie. »Wie große Schriftsteller abends schreiben können, ist mir unerklärlich«, notierte Woolf in ihrem Tagebuch. »Das habe ich schon eine Ewigkeit nicht mehr versucht & mein Kopf ist wie mit Daunen gefüllt: heiß, unfertig.«

Der regelmäßige Tagesablauf wurde von Woolfs Ehemann Leonard begrüßt, allerdings zog er das geregelte, ruhige Leben noch aus anderen

Gründen vor. Kurz nach ihrer Hochzeit 1912 erlitt Virginia einen lang anhaltenden und qualvollen psychischen Zusammenbruch – dies geschah noch mehrmals in ihrem Leben –, sodass Leonard von da an die Rolle des Pflegers, Wächters und beinahe Elternteils seiner Frau übernahm. Er brachte sie liebevoll dazu, sich an die Anweisungen der Ärzte zu halten, organisierte ihr Privatleben, damit sie sich nicht zu sehr aufregte, kümmerte sich um ihre Ernährung, ihr Schreiben, und führte sogar Buch über ihre Menstruation. Nachdem er mehrere Ärzte und Virginias Schwester Vanessa Bell konsultiert hatte, entschied er, dass die Ehe kinderlos bleiben sollte, da er der Ansicht war, eine Schwangerschaft könne Virginias schlechte geistige Verfassung endgültig ruinieren.

Viele Biografen haben Leonard Woolfs Verhalten als übermäßig kontrollierend interpretiert, doch es besteht kein Zweifel daran, dass er an ihr Talent glaubte und Voraussetzungen schuf, unter denen sie künstlerisch gedeihen konnte. »L. findet, das Schreiben sei das Beste an mir«, erwähnte Virginia in einem Brief. »Wir werden sehr hart arbeiten.« Und das taten sie wirklich. »Keiner von uns beiden hat auch nur einen Tag Urlaub genommen, es sei denn, wir waren zu krank, um zu arbeiten, oder wenn es sich um eine geplante – und autorisierte – Reise gehandelt hat«, schrieb Leonard. »Wir hätten es nicht nur als falsch, sondern auch unangenehm befunden, nicht elf Monate im Jahr jeden Tag der Woche zu arbeiten.«

Ob der durchstrukturierte Lebensstil nun für ihre geistige Gesundheit notwendig war oder nicht, so befand Woolf ihn dennoch als ideal, um Romane zu schreiben, eine Tätigkeit, für die, wie sie meinte, eine Art lang anhaltende Träumerei notwendig war. »Ich hoffe sehr, dass ich kein Berufsgeheimnis ausplaudere, wenn ich sage, dass es der größte Wunsch aller Schreibenden ist, so unbewusst wie möglich zu sein«, sagte sie 1933 in einer Rede.

> Man muss sich in einen Zustand anhaltender Lethargie versetzen. Das Leben soll so ruhig und regelmäßig wie möglich verstreichen, man will dieselben Gesichter sehen, dieselben Bücher lesen, Tag um Tag dieselben Dinge tun, Monat für Monat, während

man schreibt, damit nichts die Illusion bricht, in der man lebt – damit nichts die rätselhaften Schnüffeleien, das Herumtasten, Davonschnellen, Vorpreschen, und die plötzlichen Entdeckungen jenes äußerst schüchternen und flüchtigen Geistes namens Fantasie stört oder erschüttert.

Spaziergänge waren hierfür von zentraler Bedeutung. Sowohl in London als auch auf dem Land widmete Woolf sich ihrem Hobby, dem »Straßenheimsuchen«. Besonders auf dem Land machte es sie »extrem glücklich, durch die Downs zu laufen [...] Ich mag es, Platz zu haben, um meinen Geist auszubreiten«, schrieb sie. Andernorts beschrieb sie sich als jemanden, die »herumschnuppert, Sätze erfindet«, und schrieb, sie gleite auf dem Land »leichthin vom Schreiben zum Lesen, mit Spaziergängen dazwischen – Spaziergänge durch das hohe Wiesengras, oder die Downs hinauf«. Auch ein Bad zu nehmen, spielte in ihrem kreativen Prozess eine Rolle. Der Diener der Woolfs, Louie Everest, erinnert sich daran, wie er die Autorin nach dem Frühstück in der Badewanne reden hörte: »Sie redete und redete, sprach, sprach, sprach: Sie stellte Fragen und antwortete sich selbst. Ich dachte erst, es wären noch zwei, drei andere Menschen im Raum.«

Wirkliche Gäste waren problematischer. »Die Wahrheit ist: Ich mag es, wenn Menschen zu Besuch kommen, aber ich liebe es, wenn sie wieder gehen«, schrieb Woolf, und Freunde erinnern sich, dass sie eine unaufmerksame und beinahe unfreundliche Gastgeberin war. Der Autor E. M. Forster erinnert sich daran, wie es war, zu Gast auf Monk's House zu sein, dem Landsitz der Woolfs in East Sussex: »Es stört mich, so viel ›mir selbst überlassen‹ zu sein«, schrieb er. »Hier sind die Ws., die lesen, Leonard den *Observer*, Virginia die *Sunday Times*, und dann ziehen sie sich bis zum Mittagessen zurück, um im Arbeitszimmer zu schreiben.«

Doch Woolf tat gut daran, ihre Arbeitszeiten vor Unterbrechungen zu schützen. »Ich erwache in fieberhafter und anhaltender Verzückung«, schrieb sie 1930 in einem Brief, »und trage meinen Krug voll klarstem und tiefstem Wasser quer durch den Garten, nur um ihn gänzlich zu verschütten – weil jemand kommt.«

Vanessa Bell

(1879–1961)

Beschreibt man Virginia Woolf in ihrer Kunst als eine abgekapselte, sich selbst genügende Beobachterin, die ihre kreative Energie aus einsamer Betrachtung zog, so war ihre ältere Schwester Vanessa Bell das genaue Gegenteil: Eine Künstlerin mitten in ihrem turbulenten Leben, die neben ihren Kindern, Liebhabern und Freunden arbeitete und mit ihrer Kreativität alles und jeden in ihren Bann zog. Als Malerin und Kunsthandwerkerin entwickelte Bell einen unverwechselbaren Stil für ihre Porträts, Stillleben, Umschlagdesigns und Raumgestaltungsideen. In ihrem Privatleben brach sie bekanntermaßen mit allen Konventionen und umgab sich stattdessen mit einem unorthodoxen Arrangement von Liebhabern und Exliebhabern, die allesamt gut miteinander auskamen und häufig unter einem Dach schliefen. Wahrscheinlich funktionierte das Ganze dank Bells ureigenem Charisma, ihrer Lebhaftigkeit, und was einer ihrer früheren Liebhaber ihre »fabelhaften praktischen Fähigkeiten« nannte. Diese Eigenschaften trugen Bell gegen 1906 geradewegs ins Zentrum der legendären Bloomsbury Group aus Autoren, Künstlern und Intellektuellen – Cyril Connolly nannte sie die »nimmer wankende Achse von Bloomsbury« –, doch zur vollsten Blüte kamen sie wohl auf Charleston, dem abgelegenen Landsitz, den sie 1916 mietete (entdeckt hatte ihn Woolf, deren eigenes Cottage nur etwa vier Meilen entfernt lag.)

Die nächsten drei Jahre lebten Bell und ihre Familie in jenem weitläufigen, dreistöckigen Farmhaus und nutzten es auch in den folgenden Jahrzehnten während der Ferien als Rückzugsort. Für Gäste war Charleston ein Idyll, eine Erweiterung der Bloomsbury-Ideale bis ins ländliche Sussex. Wie sich ein Gast erinnert, war »Charleston zu seiner Blütezeit ein zauberhafter Ort – ein Ort von solch kraftvoller Individualität, dass ich ihm jedes Mal, wenn ich von dort wegfuhr, dankbar war, weil er mir so viel Glück geschenkt hatte, so viele reiche und wechselnde visuelle Eindrücke, so viele Gespräche und ein Bewusstsein dafür, dass dort Leben intensiv und zielstrebig gelebt wurden«.

Abgesehen von Bell, befanden sich unter Charlestons regelmäßigen Bewohnern noch Bells Ehemann Clive, der seit etwa 1914 nur noch auf dem Papier mit ihr verheiratet war, da sich beide nach außerehelichen Liebschaften umsahen, während sie indessen Freunde blieben; ihr Liebhaber Duncan Grant, mit dem sie trotz seiner Homosexualität eine jahrzehntelange Partnerschaft verband; Grants Liebhaber David »Bunny« Garnett; Bells drei Kinder, von denen zwei von Clive gezeugt worden waren, während die Jüngste Grants Tochter war (wovon er allerdings noch nicht wusste); und Freunde in wechselnder Besetzung, unter ihnen häufig der Kunstkritiker Roger Fry (mit dem Bell eine Jahre andauernde Affäre hatte, bevor sie sich in Grant verliebte), der Schriftsteller E. M. Forster, der Ökonom John Maynard Keynes, und Virginia und Leonard Woolf. Außerdem wohnte auch eine Köchin dort, eine Figur von zentraler Bedeutung, deren Anstrengungen es Bell ermöglichten, ihre Kunst nicht der alles verschlingenden Hausarbeit zu opfern.

An einem gewöhnlichen Tag auf Charleston versammelte sich die Familie nach und nach zum Frühstück im Esszimmer. Grant aß Porridge, während die anderen sich Eier und Bacon aus der Küche holten, wo sie auf dem Herd warm gehalten wurden. Wenn die Post kam, nahm Clive die *Times* in Beschlag und trug sie in sein Arbeitszimmer, und Bell und Grant begaben sich in ihr geteiltes Maleratelier, einen Anbau, der den Hühnerstall ersetzt hatte. Viele Künstler ertragen die Anwesenheit anderer in ihrem Arbeitsbereich kaum, doch Bell und Grant malten gern im selben Raum, häufig hörten sie während der Arbeit klassische Musik auf dem Grammofon.

Bells Sohn Quentin beschrieb die beiden als »zwei kräftige Tiere, Seite an Seite in einem Stall, die zufrieden vor sich hin kauten, ohne miteinander kommunizieren zu müssen, einfach glücklich in Gegenwart des anderen«. (Tatsächlich sehnte sich Bell irgendwann doch nach ihrem eigenen Raum und arbeitete ab 1925 in einem eigenen Studio ganz oben im Haus.) Für Woolf war Bell eine Art Genie des Alltags, eine beneidenswert bodenständige Person, die den Mut aufbrachte, sich vom Leben zu nehmen, was sie wollte. Nachdem Woolf einen Tag mit Bell und Grant verbracht hatte, schrieb sie: »Nie habe ich andere Menschen gesehen, die wie zwei Sonnenblumen vor Hitze und Glück so sehr pulsieren wie diese beiden.« Des Weiteren schrieb sie: »Die Fröhlichkeit und die Vergnügungen des Lebens fließen nur so aus ihnen heraus, nicht grell oder glitzernd, sondern frei, leise, leuchtend.«

Trotz der lebhaften Darstellungen von Bell als eine Frau mit viel Menschenverstand, Zufriedenheit und Kreativität bleibt sie weitgehend rätselhaft. Sie lebte in den glühenden Beschreibungen anderer Menschen weiter, nur über ihre innersten Gedanken gibt es kaum Aufzeichnungen. In Briefen brachte sie manchmal Zweifel an genau dem zum Ausdruck, was andere an ihr bewunderten, und sorgte sich darüber, dass sie zwischen ihren vielen Aktivitäten ihre künstlerische Begabung vernachlässigt haben könnte. Zu Woolf sagte sie: »Ich habe auf zu vielen Hochzeiten getanzt.«

Isadora Duncan

(1877–1927)

Duncan erfand mehr oder weniger im Alleingang den Modernen Tanz und entwickelte sich dadurch zum international gefeierten Star, reich wurde sie durch ihren Ruhm jedoch nie. Den überwiegenden Teil ihrer Karriere verbrachte sie in Geldnot und musste oft ihre Schritte in einem eiskalten Studio einstudieren, weil sie es sich nicht leisten konnte zu heizen. (Das Problem bestand jedoch wohl weniger darin, dass sie zu wenig Geld verdiente, als dass sie es nicht beisammenhalten konnte: Der Journalistin Janet Flanner zufolge gab Duncan einmal »eine Hausparty, die in Paris begann, in Venedig an Fahrt aufnahm und Wochen später ihren Höhepunkt auf einem Hausboot auf dem Nil fand«.)

Während einer Europatournee sagte Duncan im Scherz zu ihrer Schwester, die einzige Lösung wäre wohl, sich einen Millionär zu angeln. Eines

Morgens, nach einem Auftritt in Paris, tauchte dann tatsächlich einer auf: Paris Singer, Erbe des Familienvermögens der Firma Singer, eins neunzig groß, blond, Bartträger, Kunstmäzen und unsterblich in Duncan verliebt. Diese war auch gar nicht abgeneigt, Singer machte ihr aber recht bald einen Heiratsantrag, und gegen die Ehe hatte Duncan sehr wohl etwas. Singer wollte, dass sie mit ihm in London und auf seinem Anwesen auf dem Land wohnte, Duncan war jedoch an Tourneen gewöhnt und daran, jeden Abend vor einem Publikum zu stehen, das sie anhimmelte. Sie bekam Zweifel, ob sie schon bereit dazu war, das alles hinter sich zu lassen. Was sollte sie bloß die ganze Zeit mit sich anfangen? »Versuch es doch vielleicht erst mal ein Vierteljahr«, bot Singer an.

»In jenem Sommer ging es also auf nach Devonshire«, schreibt Duncan in ihrer Autobiografie,

> wo er ein herrliches Château besaß, das dem Petit Trianon in Versailles nachempfunden war, mir standen unzählige Zimmer, Bäder und Suiten zur Verfügung, in der Garage warteten vierzehn Automobile,

und im Hafen lag eine Jacht. Aber ich hatte die Rechnung ohne den Regen gemacht. Im Sommer regnet es in England ununterbrochen. Den Engländern scheint das nichts auszumachen. Sie stehen morgens auf, frühstücken Eier, Bacon, Kochschinken, Nierchen und Porridge. Dann ziehen sie sich einen Regenmantel über und laufen durch die feuchte Landschaft, bis es Zeit fürs Mittagessen ist, das aus mehreren Gängen besteht, wovon der letzte immer Streichrahm ist. Nach dem Mittag sind sie angeblich bis siebzehn Uhr mit dem Beantworten von Korrespondenz beschäftigt, aber ich vermute eher, dass sie ein Schläfchen halten. Um siebzehn Uhr stehen sie wieder auf, und es wird Tee getrunken, dazu gibt es viele verschiedene Sorten Kuchen sowie Brot mit Butter und Marmelade. Danach tun sie so, als würden sie Bridge spielen, bis es endlich Zeit für den wichtigsten Teil des Tages ist: sich für das Dinner schick machen. Da erscheinen dann alle herausgeputzt, die Damen zeigen

> Dekolleté, und die Herren tragen gestärkte Hemden, und gemeinsam macht man sich über ein zwanziggängiges Menü her. Danach wird ein wenig über Politik oder Philosophie geplänkelt, bis es Zeit wird, sich zurückzuziehen. Du kannst dir sicher vorstellen, ob mir dieses Leben Spaß gemacht hat oder nicht. Nach nur wenigen Wochen war ich am Rande der Verzweiflung.

Duncan lehnte Singers Heiratsantrag ab und nahm sich vor, sich auch niemals wieder einem so streng reglementierten Tagesablauf zu unterwerfen. Sie verbrachte lieber »lange Tage und Nächte im Studio, auf der Suche nach dem einen Tanz, bei dem man mit den Bewegungen des Körpers die göttlichen Ausdrucksweisen des menschlichen Geists« darstellen könne. Selbst für Duncan war jedoch nicht jeder einzelne Tag eine glückliche künstlerische Erfahrung; manchmal sah sie auf ihr Leben zurück und empfand dabei »großen Ekel und ein Gefühl schrecklicher Leere«.

Doch das gehörte ihrer Meinung nach zum Künstlerinnendasein: »Ich habe in meinem Leben schon viele große Künstlerinnen, intelligente und sogenannte erfolgreiche Menschen kennengelernt, und niemanden davon würde ich als glücklich bezeichnen, auch wenn manche ziemlich überzeugend so getan haben«, schrieb sie. »Wenn man nur genau hinschaut, entdeckt man hinter jeder Maske dieselbe Unsicherheit, dasselbe Leid.«

Tania Blixen

(1885–1962)

Blixen wurde als Karen Dinesen in Kopenhagen geboren, Baronin Blixen wurde sie erst 1914 nach der Hochzeit mit ihrem Cousin, einem schwedischen Adligen. Kurz nach der Verlobung zog das Paar nach Kenia auf eine Kaffeeplantage. Ehe und Plantage gingen jedoch den Bach runter, und 1931 kehrte Blixen unglücklich und pleite zurück nach Dänemark und zog wieder bei ihrer Mutter ein. Hier hätte ihre Geschichte nun zu Ende sein können, Blixen fasste jedoch einen neuen Plan: »Nachdem ich eingesehen hatte, dass ich die

Farm nicht würde halten können, fing ich während der letzten Monate in Afrika an, abends zu schreiben. Ich wollte das Gedankenkarussell abstellen, das sich tagsüber ununterbrochen in meinem Kopf drehte, und meine Gedanken in eine neue Richtung leiten«, sagte sie rückblickend.

Noch in Kenia verfasste sie die ersten zwei Geschichten ihres Buchs *Seven Gothic Tales*, das in den USA 1934 unter dem Pseudonym Isak Dinesen publiziert wurde und auf Deutsch drei Jahre später unter dem Pseudonym Tania Blixen. Es wurde überraschend zum Bestseller. Danach erschien *Jenseits von Afrika*, der autobiografische Klassiker über ihre siebzehn Jahre in Kenia, mit dem sie es endgültig zu schriftstellerischem Weltruhm brachte.

Leider nahm ihre Gesundheit in dem Maße ab, wie ihre Bekanntheit wuchs. Während der Ehe hatte Blixens untreuer Ehemann sie mit Syphilis angesteckt, und die Krankheit machte ihr schwer zu schaffen. Sie hatte unter anderem mit Gleichgewichtsstörungen, Beschwerden beim Gehen, Anorexie, Magengeschwüren und so schlimmen Bauchkrämpfen zu kämpfen, dass sie manchmal nur noch auf dem Boden lag und »wie ein waidwundes Tier schrie«. (»Wie wenn ein Mensch allein versucht, eine Lawine aufzuhalten«, so Blixens Sekretärin Clara Svendsen.)

Ihr Vorankommen beim Schreiben unterlag dem Auf und Ab ihrer Gesundheit. »Mit Ende vierzig, Anfang fünfzig«, so ihre Biografin Judith Thurman,

> wechselten sich ihre schlechten Tage mit längeren guten Phasen ab, in denen sie sich gesund und stark fühlte und morgens noch vor dem Schreiben ihre Nachbarn auf einem alten Fahrrad besuchen fuhr oder im Sund schwimmen ging. Mit dem Alter schwand ihre Energie jedoch mehr und mehr. Nicht nur das Arbeiten, auch das Essen fiel ihr schwer, sie konnte sich immer schlechter konzentrieren und manchmal nicht einmal mehr aufrecht sitzen. Einen Großteil ihres Spätwerks diktierte sie Clara Svendsen, während sie selbst im Bett oder auf dem Boden lag.

»Ich habe dem Teufel meine Seele verkauft.«

Blixen erzählte einst, sie habe in ihren letzten Jahren von Austern und Champagner gelebt, die Wahrheit sah jedoch anders aus, wie bei Thurman zu lesen ist: Es waren nämlich vielmehr Amphetamine, die ihr »den benötigten Antrieb gaben, und zum Schluss nahm sie sie ohne jegliche Vorsicht, wann immer sie Kraft für einen besonderen Moment wünschte«. Der Medikamentenmissbrauch trieb ihren Verfall weiter voran, Blixen wollte das Leben jedoch um jeden Preis auskosten und ihre Erlebnisse im Schreiben verarbeiten – bis zum Tod. Einer Freundin erzählte sie: »Ich habe dem Teufel meine Seele verkauft und im Gegenzug von ihm das Versprechen bekommen, dass mein Leben eine Geschichte wird.«

Rachel Whiteread

(*1963)

Die englische Bildhauerin steht morgens zwischen 6:30 und 6:45 Uhr auf, begleitet ihre zwei Söhne das erste Stück des Schulwegs und fährt dann mit dem Bus zu ihrem wenige Kilometer entfernten Londoner Atelier, wo sie zwischen 8 und 9 Uhr eintrifft. Dort arbeitet sie entweder allein oder mit einem ihrer Assistenten, die ihr mehrere Tage pro Woche zur Hand gehen. Zwischen 17 und 19 Uhr macht sie Feierabend.

Whitereads Skulpturen sind oft monumentale Werke, die mit enormem logistischem Aufwand verbunden sind. Ihr vermutlich berühmtestes Werk »House« aus dem Jahr 1993 ist ein Betonabguss des Inneren eines dreistöckigen viktorianischen Reihenhauses in East London. Während sie im Atelier ihre Ideen mit Tinte auf Papier zeichnet und sich mit Komposition und Farbgebung beschäftigt, läuft so gut wie immer Radio 4 der BBC im Hintergrund. Irgendwann legt sie eine Mittagspause ein und liest eine Stunde in einem bequemen Sessel. (Ihr Atelier ist mit einer Bibliothek ausgestattet, und sie liest »Philosophie, Psychologie, Romane, Gedichte – von allem ein bisschen«.) Gegen kreative Blockaden hat sie kein allgemeines Zaubermittel. »Ich arbeite dann einfach weiter, zeichne, fange noch mal von vorne an«, sagt sie. »Ich finde es wichtig weiterzuarbeiten, sonst kommt man da nie wieder raus.«

Sarah Bernhardt

(1844–1923)

Jahrzehntelang war Bernhardt die berühmteste Schauspielerin Europas, von Kritikern gelobt, allerorten stets von einer jubelnden Menge begrüßt und von der Presse breit diskutiert, auf Schritt und Tritt verfolgt und als achtes Weltwunder bezeichnet. Nachdem der amerikanische Psychologe William James sie 1880 bei einer Aufführung in London gesehen hatte, schrieb er seiner Frau: »So gut wie Bernhardt gestern Abend habe ich noch *nie* jemanden spielen sehen – wie mit der Nadelspitze geätzt –, überhaupt ist sie ein Mensch wie ein Rennpferd, derartig temperamentvoll – und dabei körperlich gesehen das reinste Skelett.« Bernhardts berüchtigte Magerkeit machte nur einen Teil ihres legendären Rufs aus. Dann waren da noch der Sarg aus Rosenholz, in dem sie angeblich schlief und den sie sogar mit auf Tournee nahm (ein solcher Sarg gehörte tatsächlich zur makabren Dekoration ihres Schlafzimmers, auch wenn sie für gewöhnlich nicht darin schlief), ihr mit einem Paar ledriger Fledermausflügel geschmückter Hut und die ausgestopfte Vampirfledermaus, die sich neben dem menschlichen Skelett und dem bereits erwähnten Sarg in ihrem Schlafzimmer befanden, der Alligator, den sie als Haustier von einer Amerikatournee mitgebracht und Ali-Gaga getauft hatte, und die Tatsache, dass sie darauf bestand, sich in Goldmünzen bezahlen zu lassen, die sie in einer alten Gamsledertasche oder einem Köfferchen umhertrug und daraus dann Darsteller, Diener und Gläubiger widerwillig bezahlte. Obwohl sie diese Münzen hätte zusammenhalten sollen, leistete sie sich einen üppig ausgestatteten Haushalt mit acht bis zehn Dienern, zwei Kutschen und mehreren Pferden und richtete ständig luxuriöse Dinnerpartys aus, bei denen sie selbst keinen Bissen anrührte.

Für ihre Mitstreiterinnen im Theater war Bernhardts herausstechendstes Merkmal jedoch ihre überbordende, scheinbar grenzenlose Energie, mit der sie rund um die Uhr arbeiten konnte, ohne dass ihr je Müdigkeit anzumerken war. »Mir ist nie wieder ein Mensch mit einer so erstaunlichen Energie begegnet wie Bernhardt«, so der Theaterproduzent George Tyrell. »In ihrem Inneren schien ewig ein Feuer zu lodern, ohne dass es sie selbst je ausbrannte. Je mehr sie arbeitete, desto mehr Inspiration zog sie daraus.« Im Jahr 1899 beschrieb der Dichter und Dramatiker Edmond Rostand, der Bernhardt mit seinem Stück *L'Aiglon* zu einer ihrer Paraderollen verhalf, einen typischen Arbeitstag der Schauspielerin, ab dem Zeitpunkt, wenn sie nachmittags vor dem Theater vorfuhr:

> Ein Brougham hält vor der Tür; eine in Pelz gehüllte Frau springt aus der Kutsche, bahnt sich lächelnd einen Weg durch die Menge, die vom Klingeln der Glöckchen am Geschirr herbeigelockt wurde, und steigt eine gewundene Treppe hinauf; platzt in einen Raum voller Blumen, der aufgeheizt ist wie ein Gewächshaus; wirft ihr scheinbar bodenloses bebändertes Hand-

»Energie
schafft
Energie.«

> täschchen in eine Ecke, den geflügelten Hut in die andere; legt den Pelz ab und schrumpft augenblicklich zu einem bloßen Hauch weißer Seide zusammen; rauscht auf eine schwach beleuchtete Bühne und bringt sofort Leben in einen ganzen Pulk antriebsloser, gähnender, herumlungernder Gestalten; eilt hin und her, inspiriert alle mit ihrer fieberhaften Energie; setzt sich in den Souffleurkasten, arrangiert ihre Szenen, weist auf die richtige Gestik und Intonation hin, springt wutentbrannt auf und besteht darauf, dass alle noch mal von vorn beginnen; schreit ihren Zorn heraus; setzt sich hin, trinkt Tee und fängt an, ihren eigenen Part zu proben …

Rostand zufolge rührte Bernhardt die zusehenden Schauspieler bei diesen Proben immer wieder zu Tränen – doch der Rest ihrer Rituale vor der Aufführung ließ die Theatercrew, die von der manischen Bernhardt hinter der Bühne gnadenlos herumkommandiert wurde, wohl eher frustriert aufstöhnen. So wies sie die Bühnenbildner an, alles nach ihrem Belieben umzugestalten, zeigte dem Kostümbildner, wie er sie einzukleiden hatte, überwachte die Arbeit der Lichttechniker und trieb den Elektriker »spontan in den Wahnsinn«. Schließlich, fährt Rostand fort,

> kehrt Bernhardt zum Essen in ihre Garderobe zurück; setzt sich an den Tisch, wunderbar blass vor Erschöpfung; sinniert über ihre Pläne; isst, lacht ihr Bohème-Lachen; muss das Essen vorzeitig abbrechen; schlüpft in ihr Kostüm für die Abendvorführung, während ihr Manager durch den Vorhang mit ihr spricht; spielt mit Leib und Seele; regelt zwischen den Szenen Geschäftliches; ist nach der Aufführung noch bis drei Uhr nachts im Theater beschäftigt; kann sich erst zum Aufbruch entschließen, als sie sieht, wie pflichtbewusst ihr Personal versucht, die Augen offen zu halten; steigt in ihre Kutsche; hüllt sich voller Vorfreude auf ein wenig Ruhe und Schlaf in ihren Pelz; lacht laut auf, als ihr einfällt, dass ihr noch jemand einen Fünf-

akter vorlesen wollte; kommt nach Hause, hört sich das Stück an, ist begeistert, weint, nimmt es an, stellt fest, dass sie nicht schlafen kann, und nutzt die Gelegenheit, eine Rolle einzustudieren!

»Das ist die Sarah, die ich kannte«, fasst Rostand zusammen. »Die Sarah mit dem Sarg und den Alligatoren habe ich nie kennengelernt. Die einzige Sarah, die ich kenne, ist die bei der Arbeit.« Diese Hommage dürfte Bernhardt gefallen haben. »Leben bringt Leben hervor«, sagte sie einmal, »Energie schafft Energie. Indem man sich verschenkt, wird man reich.«

Colette

(1873–1954)

Die französische Schriftstellerin begann mit dem Schreiben auf Drängen ihres Mannes Henry Gauthier-Villars, einem erfolgreichen Autor (und berüchtigten Casanova). Er war überzeugt, dass

Colettes Erlebnisse als Heranwachsende guten Lesestoff abgeben würden, bat sie, sie aufzuschreiben (und die delikaten Stellen noch etwas auszuschmücken), und veröffentlichte das Ganze dann als den Roman *Claudine erwacht* unter seinem Pseudonym Willy. Das Buch war ein kommerzieller Erfolg und erhielt beste Kritiken, und Willy wollte mehr. Laut Colette schloss er sie in ihrem Schreibzimmer ein und ließ sie erst heraus, wenn sie ihr tägliches Pensum geschafft hatte. »Ein Gefängnis ist das beste Arbeitszimmer«, schrieb sie viele Jahre später. »Ich weiß, wovon ich rede. Es war wirklich wie im Gefängnis, der Schlüssel drehte sich im Schloss, und dann war ich erst einmal vier Stunden lang eingesperrt, bevor ich wieder rausdurfte.«

Colette ließ sich schließlich von Willy scheiden und veröffentlichte unter ihrem Namen Romane. Inspiration für die sinnlichen literarischen Abenteuer war dabei die Vielzahl ihrer eigenen Affären mit Männern und Frauen. Bis zu ihrem Tod verfasste sie über fünfzig Bücher und erfreute sich besonders in Frankreich großer Beliebtheit. Ihre berühmtesten Romane waren *Chéri* und *Gigi*. Spaß machte ihr das Schreiben nie, aber dank Willys harter Schule zwang sie sich dennoch fast jeden Tag dazu. Ihr Stiefsohn Bernard, mit dem sie fünf Jahre lang ein Verhältnis hatte, das begann, als er sechzehn und sie siebenundvierzig war, beschrieb später, wie sie schon morgens mit der Arbeit anfing: »Sie wickelte sich in eine Decke und ging dann auf das blaue Papier los, das sie immer benutzte. Es beeindruckte mich sehr, denn sie schrieb vier oder fünf Seiten am Stück voll, warf dann die fünfte weg und schrieb wieder drauflos, und immer so weiter, bis sie müde war.«

Colette begann jedoch nicht jeden Tag mit der Arbeit am Buch. Laut ihrem dritten Ehemann war sie »schlau genug, nicht gleich morgens zu schreiben, sondern erst einmal einen Spaziergang mit dem Hund zu machen, und das bei jedem Wetter. […] Abends arbeitete sie nie, außer es musste unbedingt sein.« Stattdessen schrieb sie »hauptsächlich zwischen fünfzehn und achtzehn Uhr«. Als sie älter wurde, erkrankte sie an Arthritis und schrieb von da an am liebsten auf dem Sofa, ein kleines Tischchen auf den Beinen und über sich eine Lampe mit blauem Schirm (Blau war ihre Lieblingsfarbe).

Schreiben bedeutete für sie »unproduktive Stunden, die man eingerollt auf dem Diwan verbringt, und dann plötzlich orgiastische Inspiration, aus der man ganz benommen und voller Schmerzen hervorgeht, gleichzeitig jedoch großzügig belohnt und beladen mit Schätzen, die man dann im kleinen Lichtkegel der Lampe auf die jungfräulichen Seiten ablädt«. Wenn die Inspiration sie einmal gepackt hatte, schrieb sie rasend schnell und füllte Seite um Seite – was aber nicht hieß, dass ihr das Geschriebene am nächsten Tag noch gefiel. »Schreiben bedeutet, sein Innerstes voller Leidenschaft auf dem wartenden Papier auszuschütten«, so Colette, »und das in einem so wahnsinnigen Tempo, dass die Hand manchmal rebelliert, zu sehr gedrängt und gehetzt vom ungeduldigen Gott, der sie führt. Und dann am nächsten Tag statt des goldenen Zweigs, der in der glänzenden Stunde so wundersame Blüten trug, einen vertrockneten Dornenzweig und eine verwelkte Blume vorzufinden.«

Marguerite Duras

(1914–1996)

Für Duras war das Schreiben weniger ein Prozess des Erfindens als vielmehr des Entdeckens, oder genauer gesagt, der Konfrontation. Schreiben bedeutete, etwas zu enthüllen, das ihrer Meinung nach bereits in Gänze in ihrem Unterbewusstsein existierte und nur darauf wartete, offenbart zu werden. Sie empfand den Prozess als einschüchternd, sogar angsteinflößend – zweifelsohne, da ihre Romane häufig von ihrer traumatischen Kindheit inspiriert waren. (Duras ist vermutlich am besten für ihren 1984 erschienenen Roman *Der Liebhaber* bekannt, der vom Verhältnis eines älteren, wohlhabenden Chinesen mit einem fünfzehnjährigen Mädchen handelt – eine nahezu autobiografische Erzählung einer Erfahrung, die sie während ihrer Jugend in Französisch-Indochina machte, wo sie in einer verarmten Familie aufwuchs.)

Über ihr Schreiben sagte Duras außerdem: »Es ist sozusagen eine Krisensituation, die ich so gut wie möglich bewältige. Eine Art Unterwerfung. Wenn ich schreibe, fürchte ich mich; es ist, als würde alles um mich herum einstürzen. Worte sind gefährlich, sie sind aufgeladen mit einem Pulver, mit einem Gift. Sie vergiften. Und dann immer dieses Gefühl, dass ich das nicht tun sollte.«

Wenig überraschend, war das Schreiben nicht etwas, das sie regelmäßig tat, oder bei dem sie sich an einen Zeitplan hielt. Sobald ihr eine Idee für einen Roman kam, wurde sie besessen davon, und ihr ganzes Leben drehte sich nur noch ums Schreiben. Ihren Roman *Heiße Küste*, der 1950 erschien, schrieb sie binnen acht Monaten, »sie arbeitete ohne Pause von fünf Uhr morgens bis elf Uhr abends an ihrem Schreibtisch«, wie ihre Biografin Laure Adler berichtet. Spätabends trank sie, um zu vergessen. »Ich bin eine echte Schriftstellerin, und ich war eine echte Alkoholikerin«, sagte sie 1991, nachdem sie schließlich trocken war. »Ich trank Rotwein, um einzuschlafen. Nachts dann Cognac. Jede Stunde ein Glas Wein und morgens nach dem Kaffee Cognac, dann schrieb ich. Wenn ich nun daran zurückdenke, ist es ein Wunder, dass ich überhaupt schreiben konnte.«

Marian Anderson

(1897–1993)

Die Sängerin Marian Anderson war mit ihrer Altstimme die erste afroamerikanische Solistin an der New Yorker Metropolitan Opera. Der Dirigent Arturo Toscanini sagte über sie: »Eine Stimme wie die ihre hört man ein Mal in hundert Jahren.« In ihrer Autobiografie beschreibt Anderson ihre Herangehensweise an ein neues Stück, ein komplexerer und kniffligerer Prozess, als ihr Publikum vermuten würde. »Ich höre mir gern zuerst die Melodie an, um mich von der Musik ansprechen zu lassen, bevor ich mit der Arbeit am Text beginne.«

> Erst danach lese ich die Worte, getrennt von der Musik. Ich möchte wissen, worum es geht. Ich möchte etwas darüber erfah-

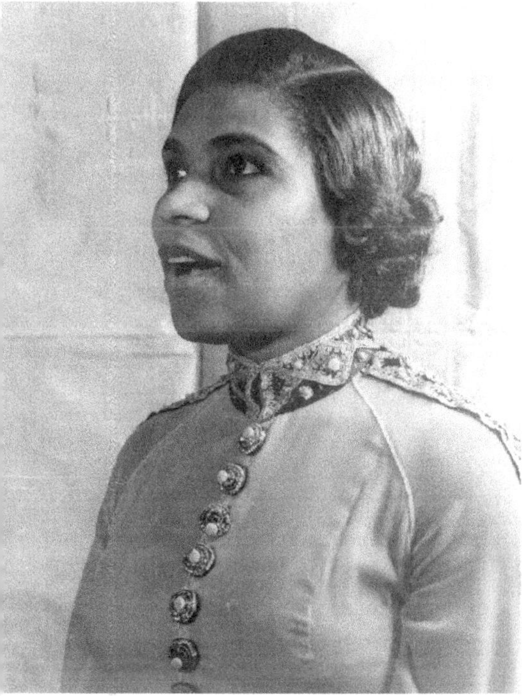

Marian Anderson beim Singen, 1940

ren, wie das Stück geschrieben wurde. Ich möchte alles über dieses Stück in mich aufsaugen. Wenn ich dann Worte und Melodie zusammensetze, versuche ich, mich möglichst tief in die richtige Stimmung zu versetzen. Bin ich konzentriert, und gibt es keine unvorhergesehenen Schwierigkeiten, ist die Aufgabe nicht allzu schwer. Doch mich zu konzentrieren, fällt mir nicht immer leicht, denn der Geist muss von jeglicher Ablenkung frei sein. Haushalt und familiäre Verpflichtungen verlangen jedoch oft meine Aufmerksamkeit, auch andere Faktoren kommen dazwischen. Aber wie der Arbeitstag auch gelaufen sein mag, ich nehme die Stücke mit ins Bett. Kurz vor dem Einschlafen gibt es diese Momente völliger Entspannung, es gelingt mir besser, mich in die richtige Stimmung zu versetzen. Plötzlich ist man hellwach, völlig versunken im Geiste der Musik, und in ein paar Stunden, während ringsum Stille herrscht, schafft man dann unheimlich viel.

Musik sei eine delikate Angelegenheit, so Anderson. Manche Woche habe sie an einem Stück gearbeitet, ohne Fortschritte zu machen. »Und dann«, schreibt sie, »durchfährt einen die Erkenntnis wie ein Blitz. Was einem tagelang als sinnloses Mühen erschien, trägt in einem unerwarteten Moment Früchte.«

Leontyne Price

(*1927)

Als Price neun Jahre alt war, nahm ihre Mutter sie mit nach Jackson, Mississippi, um Marian Anderson (→S. 132) singen zu hören. Und kaum hatte Anderson den Mund geöffnet, wusste die kleine Leontyne, was sie mit ihrem Leben anfangen wollte. Vielen Widrigkeiten zum Trotz verwirklichte sie ihren Traum, schaffte den Aufstieg aus dem Süden mit seiner strikten Rassentrennung bis an die Juilliard School of Music in New York und schließlich an die Metropolitan Opera, wo sie zu einer der führenden Sopranistinnen der

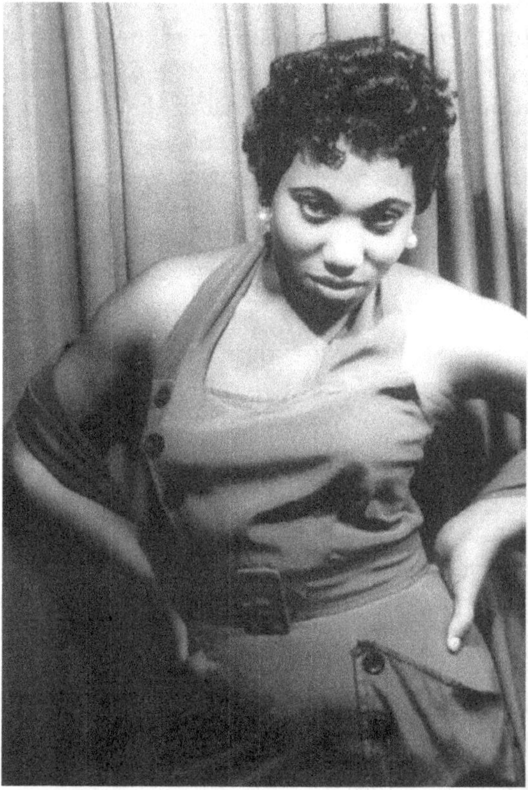

Leontyne Price in George Gershwins Oper Porgy and Bess, *1953*

Sechzigerjahre wurde. Laut ihres Biografen Hugh Lee Lyon hielt Price sich vor Aufführungen an eine strikte Routine: »An den Tagen, an denen sie auftritt, schläft sie lange und nimmt ein spätes Frühstück aus zwei gekochten Eiern, Orangensaft und Milchkaffee zu sich. Um fünf isst sie normalerweise ein Steak mit einer Ofenkartoffel, Salat und Kaffee. Danach bereitet Lulu Schumaker [ihre Hausangestellte] eine Thermoskanne mit Brühe zu, die sie mit in die Oper nimmt und an der sie zwischen den Szenen nippen kann.«

Noch wichtiger als diese täglichen Rituale war Price aber ein nicht allzu voller Terminkalender, denn zwischen Auftritten brauchte sie viel Zeit. Wenn es irgend möglich war, ließ sie sich nicht für mehr als zwei Vorstellungen in einem Zeitraum von acht bis zehn Tagen verpflichten. »Die Oper ist eine recht heikle Angelegenheit«, erklärte sie. »Sie verlangt einem viel ab. Es braucht einen Tag vor dem Auftritt, um sich darauf vorzubereiten, den Tag der Vorstellung selbst, an dem man schier durchdrehen will, und einen, um sich davon zu erholen. Wie soll man an einem dieser Tage einen Ton herausbringen? Damit macht man sich verrückt, man verausgabt sich völlig, und das werde ich nicht noch einmal mitmachen, glauben Sie mir. Ich singe lieber mit den Zinsen als mit meinem stimmlichen Kapital.«

Emily Dickinson

(1830–1886)

Die einzige vollständige Aufzeichnung ihres Tagesablaufs stammt aus einem Brief, den die sechzehnjährige Dickinson im November 1847 vom Mount Holyoke Female Seminary aus, elf Kilometer entfernt von ihrem Elternhaus in Amherst, Massachusetts, an eine Freundin schickte. »Ich will dir meinen Tagesablauf schildern, da du so freundlich warst, mir von deinem zu berichten«, schrieb Dickinson.

> Um 6 Uhr stehen wir auf. Wir frühstücken um 7. Um 8 beginnt die Studierzeit. Um 9 kommen wir alle zur Morgenandacht in der Aula zusammen. Um 10¼ rezitiere ich

einen Abschnitt aus Ancient History, außerdem lesen wir im Goldsmith & Grimshaw [beides Geschichtsbücher]. Um 11 rezitiere ich *Popes Versuch über den Menschen*, was jedoch eher ein Austausch ist. Um 12 ist körperliche Ertüchtigung an der Reihe & ab 12 ¼ lese ich bis zum Mittagessen um 12 ½, & nach dem Mittagessen, von 1 ½ bis 2, singe ich in der Aula. Von 2 ¾ bis 3 ¾ übe ich Klavier. Um 3 ¾ erstatte ich Bericht, einschließlich Fehlen – Zuspätkommen – Kommunikation – Stören der Stillstunden – Empfangen von Besuch auf unserem Zimmer & tausend andere Dinge, für deren Erwähnung ich hier weder Zeit noch Raum finde. Um 4 ½ gehen wir in die Aula, wo Miss Lyon eine Lesung hält. Wir essen um 6 zu Abend, & dann schließt die stille Lernstunde an, bis um 8 ¾ die Glocke zur Schlafenszeit läutet, doch da die letzte Glocke erst um 9 ¾ läutet, ziehen wir uns selten schon bei der ersten Warnung auf unsere Zimmer zurück.

Obwohl der Brief ein anschauliches Bild des Lebens an einem religiösen Internat im New England des 19. Jahrhunderts zeichnet, verrät er wenig über Dickinsons Persönlichkeit und nichts über ihre späteren Alltagsrituale als Schriftstellerin. Über ihr Schreiben gibt es bedauerlicherweise keine solchen detaillierten Ausführungen. Es ist nicht einmal bekannt, wann genau Dickinson mit dem Gedichteschreiben anfing, doch es muss auf jeden Fall vor 1858 gewesen sein, denn da begann die Achtundzwanzigjährige bereits, ihre Gedichte in kleinen, selbstgebundenen Büchlein zusammenzustellen. Diese waren nicht zur Veröffentlichung gedacht. Dickinson legte ihren Briefen zwar häufig Gedichte oder einzelne Fragmente daraus bei, die vierzig Büchlein zeigte sie jedoch niemandem. Sie wurden erst nach ihrem Tod entdeckt. Der Gedanke an eine Veröffentlichung war ihr, wie sie es in einem Brief ausdrückte, »fremd wie der Flosse das Firmament«. Lediglich zehn ihrer nahezu tausendachthundert Gedichte wurden zu ihren Lebzeiten veröffentlicht, und keines davon aus eigener Veranlassung.

Was Dickinsons Schreibgewohnheiten angeht, so deutet vieles darauf hin, dass sie sowohl Briefe als auch Gedichte vor allem nachts geschrieben hat, während ihre Familie schlief. Bis auf das Jahr, das Dickinson im Internat in Mount Holyoke verbrachte, wohnte sie ihr Leben lang bei ihrer Familie, dem konservativen, überbesorgten Vater, der ängstlichen, kränklichen Mutter, ihrer unverheirateten Schwester und einem Bruder, der nach seiner Hochzeit im Jahr 1856 in ein benachbartes Haus im Italianate-Stil zog. In ihrem Elternhaus, einem großen Backsteingebäude, das Dickinsons Großvater erbaut hatte, verbrachte die Dichterin sowohl die ersten neun Jahre ihres Lebens als auch die Zeit von 1855 bis zu ihrem Tod. (In der Zwischenzeit war ihr Vater durch finanzielle Schwierigkeiten gezwungen, seine Hälfte des Hauses zu verkaufen, später konnte er jedoch das ganze Anwesen zurückkaufen.) Die Fenster ihres großen Zimmers im ersten Stock boten Ausblick auf die Main Street sowie das »Evergreens«, das nur wenige Hundert Meter entfernte Haus ihres Bruders. Dickinsons Zimmer verfügte über einen kleinen Schreibtisch in der Ecke sowie einen Franklin-Kamin, der sie in kühlen Nächten wärmte, wenn sie bei Kerzenschein schrieb.

Nach 1865 zog sich Dickinson bekanntermaßen ganz zurück und verließ Haus und Grundstück nur noch äußerst selten. Womöglich litt sie an Agoraphobie, eine andere Erklärung könnte eine Augenerkrankung sein. Laut Dickinsons Schwester hingegen war es die Krankheit der Mutter in den Jahren vor 1865, die zum Rückzug der Dichterin führte: »Unsere Mutter war eine Zeit lang invalide, und eine ihrer Töchter musste ständig zu Hause sein; diese Rolle übernahm Emily, und da sie ihrem Leben zwischen Büchern und Natur so entgegenkam, behielt sie sie einfach bei.« Was auch immer dazu führte, Dickinson genoss die Abgeschiedenheit jedenfalls, konzentrierte sich ganz aufs Lesen und Schreiben und ihre ausschweifenden Briefwechsel. Sie partizipierte weiterhin am Familienleben und übernahm Pflichten im Haushalt (Backen und die Zubereitung von Desserts waren anscheinend ihr Spezialgebiet), von den meisten Besuchern hielt sie sich jedoch fern, auch wenn sie gelegentlich selbst einen Gast empfing. Sie verbrachte viele

Stunden in ihrem weitläufigen Garten, war jedoch berüchtigt dafür, augenblicklich im Haus zu verschwinden, sobald ein Erwachsener in Sicht kam. Kinder hingegen waren ihr willkommen – wenn sie in der Nähe spielten, gärtnerte sie seelenruhig weiter. Manchmal ließ sie ihnen aus ihrem Zimmerfenster sogar wortlos einen Korb mit Lebkuchen herab.

Besucher, die »den Geist«, wie sie im Ort bald genannt wurde, zu Gesicht bekamen, erinnern sich vor allem an ihre leise Stimme und das kindliche Verhalten, betonen jedoch auch die merkwürdige Intensität, die von ihr ausging. Nach einem jahrelangen Briefwechsel mit Dickinson besuchte der Kritiker und Gelehrte Thomas Wentworth Higginson sie im August 1870 für eine Stunde in ihrem Elternhaus. Jahre später erinnerte er sich: »Mein Eindruck war unzweifelhaft der einer überbordenden Anspannung, eines abnormalen Lebens.« Am Tag nach dem Besuch schrieb er in einem Brief an seine Frau: »Ich bin noch nie jemandem begegnet, der meine Nervenkraft derartig auslaugte. Ohne dass ich sie berührt hätte, sog sie mich aus. Ich bin froh, nicht in ihrer Nähe zu wohnen.«

Beim Schreiben, das Dickinson nie auf Kommando beherrschte, schien sie sich diese nervöse Energie zunutze zu machen. Sie arbeitete eher in Wellen literarischer Betriebsamkeit als stetig und täglich. In ihrer produktivsten Phase in den Jahren 1862 und 1863 entstanden Hunderte von Gedichten, danach schrieb sie mehrere Jahre kaum. Wie sie es in einem Brief von 1862 ausdrückte: »Ich hatte keinen Monarchen in meinem Leben und vermag mich nicht selbst zu regieren, und wenn ich versuche, mich zu ordnen – geht meine bescheidene Kraft kaputt – und lässt mich schutzlos und verkohlt zurück …«

Mary Shelley

(1797–1851)

Shelley schrieb ihren ersten und berühmtesten Roman *Frankenstein* innerhalb von neun Monaten, von Juni 1816 bis März 1817 – eine erstaunliche Leistung für eine Nachwuchsautorin, die zudem kurz zuvor zum ersten Mal Mutter geworden war. Beim Schreiben behilflich war Mary ihr Mann, der Romantikdichter Percy Bysshe Shelley, der sich als scharfsinniger Lektor erwies und sich gern in lange Diskussionen über Plot und Form des Romans verwickeln ließ. Das so entstandene Buch, schrieb Mary im Vorwort der Ausgabe von 1831, erinnere an »so manchen Spaziergang, manche Fahrt, manches Gespräch«. Doch Percys Hilfe beschränkte sich auf das Buch – um das Baby, die Bediensteten oder die Gäste des Hauses musste Mary sich allein kümmern. Der Biografin Charlotte Gordon zufolge »bot er kein einziges Mal seine Hilfe im Haushalt an. Als Genie des Hauses kam und ging er zu jeder Tages- und Nachtzeit, wie es ihm beliebte.« Mary hingegen hielt sich strikt an ihren Tagesablauf, schrieb morgens, ging am Nachmittag spazieren oder nutzte ihn für Haushaltspflichten oder Erledigungen, und am Abend las sie. Dennoch schien sie Percy seine ichbezogene Distanziertheit nicht übelzunehmen; nach seinem Tod durch Ertrinken im Jahr 1822 blickte sie auf ihr gemeinsames Leben als geteiltes Idyll zurück. »Und nun bitte ich meinen abscheulichen geistigen Sprössling noch einmal, in die Welt zu gehen und zu gedeihen«, schrieb sie 1831 im Vorwort zu *Frankenstein*. »Ich hänge an ihm, denn er war das Kind glücklicher Tage.«

Clara Schumann

(1819–1896)

Schumann war ein deutsches Klaviergenie, das zunächst nur in ihrer Heimatstadt Leipzig bekannt war, später jedoch in ganz Europa, wo sie vor Königen auftrat und von der Presse und dem begeisterten Publikum ihrer Konzerte mit Lob überschüttet wurde. Vom Erfolgsdruck ließ sich die junge Virtuosin nicht beirren, ihre 1840 geschlossene Ehe mit dem Komponisten Robert Schumann hingegen hätte sie durchaus beinahe die Karriere gekostet. Robert benötigte Stille zum Komponieren, und als Folge dessen kam Clara in den Tagen und Wochen, wenn ihr Mann von Inspiration gepackt war, kaum noch zum Klavierspielen – von ihren eigenen Ambitionen als Komponistin ganz zu schweigen. »Mein Clavierspiel kommt wieder ganz hintenan«, klagte sie während einer solchen Phase im Juni 1841, »was immer der Fall ist, wenn Robert componiert. Nicht ein Stündchen vom ganzen Tag findet sich für mich!« Schließlich gelang es ihr doch noch, jeden Tag zwischen 18 und 20 Uhr ein kleines Zeitfenster zu finden, wenn Robert der Biografin Nancy B. Reich zufolge »sein tägliches Bier in einer nahe gelegenen Wirtschaft einnahm«.

Robert war sich des Leids durchaus bewusst, das er seiner Frau zufügte, doch er sah es als bedauerliche Notwendigkeit an. So schrieb er, Clara würde einsehen, »dass ich ein Talent zu pflegen habe, und dass ich jetzt in der schönsten Kraft bin und die Jugend noch nützen muss. Nur so geht es in Künstlerehen […]«. Auf die Idee, im Haushalt zu helfen, kam er nie, und obgleich das Ehepaar sich Bedienstete leisten konnte, gab es immer viel zu tun: Im Jahr 1841 wurde das erste von acht Kindern geboren. Doch trotz der Bedürfnisse ihrer Kinder und der Forderung Roberts nach Stille im Haus gelang es Clara, ihre Karriere als Pianistin fortzusetzen. In den vierzehn Jahren ihrer Ehe gab sie mindestens 139 Konzerte, ein Zeugnis ihrer Disziplin und Beharrlichkeit. Ein weiterer Vorteil war, dass die Konzerte einen wichtigen Teil des Familieneinkommens ausmachten, auch wenn das Geld für Clara nur ein angenehmer Nebeneffekt war. Sie schrieb: »Es geht doch nichts über das Vergnügen, etwas selbst komponiert zu haben und dann zu hören. Selbst produzieren, und wäre es nur, daß man es täte, um diese Stunden des Selbstvergessens, wo man nur noch in Tönen atmet.«

Diane Arbus

(1923–1971)

Ein Foto, so Arbus, »ist ein Geheimnis eines Geheimnisses«. Und Arbus liebte Geheimnisse. »Ich finde alles raus«, erklärte sie einmal. Sie widmete sich der Fotografie unter anderem, weil sie es »irgendwie unartig« und »ziemlich pervers« fand. Im Laufe ihrer Karriere fertigte Arbus fast ausschließlich Porträts im Auftrag von Zeitschriften wie *Harper's Bazaar, Esquire* und *New York* an, und in ihrer Freizeit trieb sie sich auf der Suche nach neuen Motiven in Parks, Zirkussen, Freakshows, an Nacktbadestränden, auf Bällen, Swingerpartys und in psychiatrischen Einrichtungen herum. Am liebsten fotografierte sie Außenseiter und Sonderlinge, insbesondere etwas subtilere Exemplare. Beatniks und Hippies langweilten sie, sie zog Menschen vor, die einfach ein bisschen daneben waren. Der Kick bestand darin, ihnen vor der Kamera etwas von ihrem Innersten zu entlocken.

Dazu musste sie mitunter sehr geduldig sein. Beim Shooting verhielt sich Arbus gegenüber ihrem Modell stets reserviert, leise und freundlich; kein bisschen herrisch oder anspruchsvoll. Sanft bat sie die Leute, sich zu bewegen, bis sie eine Pose fand, die ihr gefiel. Diese mussten sie dann fünfzehn, zwanzig Minuten lang halten – ziemlich lange also, besonders für unerfahrene Modelle. Zwischendurch erlaubte Arbus ihnen, eine kurze Pause einzulegen, nach der sie die gleiche Pose eine weitere Viertelstunde lang halten mussten. So ging es stundenlang weiter, viel länger, als diese Menschen erwartet hatten, und weit über ihre Möglichkeiten hinaus, vor der Kamera gefasst zu bleiben. »Sie wollte die Leute zermürben«, meinte die Fotografin Deborah Turbeville, die Mitte der Sechziger für *Harper's Bazaar* mit Arbus zusammenarbeitete. »Irgendwann standen sie einfach da und sahen verwelkt aus.« (Turbeville und ihre Assistentin stahlen manchmal heimlich Filmrollen aus Arbus' Kameratasche, damit die Shootings schneller vorbei waren.) Doch für Arbus war es wichtig, dass die Shootings sich so in die Länge zogen. Zum einen sollten ihre Modelle die Fassade fallen lassen, und zum anderen wollte sie eine Verbindung zu ihnen herstellen. Turbeville erklärte: »Es war eine Frage der Ausdauer. Sie versuchte, sich ganz auf die Menschen vor der Kamera einzulassen und ihnen eine Reaktion zu entlocken. Sie stellte ihnen Fragen, gab etwas über sich selbst preis und hoffte, die Leute würden darauf reagieren, sodass sie schrittweise tiefer vordringen und schlussendlich ins Schwarze treffen, das perfekte Bild schießen würde.«

Einen ähnlichen Ansatz verfolgte Arbus auch mit ihrem Sexleben, das, selbst gemessen an den Standards der sexuellen Revolution, ungewöhn-

»Ich
mache das,
was an mir
nagt.«

lich heftig war. Arbus schlief oft mit ihren Modellen und vertraute einer Bekannten an, dass sie noch nie Nein gesagt hatte, wenn jemand mit ihr ins Bett gehen wollte. Laut dem Biografen Arthur Lubow begab Arbus sich Ende der Sechziger in psychiatrische Behandlung und beschrieb dort, wie sie »Fremden auf der Straße sexuelle Angebote machte. Sie antwortete auf Anzeigen in Swingerzeitschriften und ging mit für sie unattraktiven Paaren ins Bett. Sie erzählte von sexuellen Eskapaden in Fernbussen und bei Orgien, beschrieb sexuelle Begegnungen mit Matrosen, Frauen, Nudisten … Am erschreckendsten war jedoch ihr beiläufiger Kommentar, dass sie jedes Mal mit ihrem Bruder Howard schlief, wenn er sie in New York besuchte.«

Der Therapeut war verstört, doch Arbus konnte die Impulse, denen sie in Kunst und Leben folgte, nicht erklären, und legte auch keinen Wert darauf. »Ich fotografiere, und ich habe selbst keine Ahnung, warum«, sagte sie einmal. »Ich weiß nicht, was ich sonst machen soll. Es war so ein Selbstläufer, je mehr ich fotografiert habe, umso besser wurde ich.« In einer Antwort auf die

Frage, nach welchem System sie ihre Modelle auswählte, beschrieb sie ihren künstlerischen Antrieb vielleicht am besten. »Ich mache das, was an mir nagt«, erwiderte sie.

Josephine Baker

(1906–1975)

»Ich wollte um jeden Preis Erfolg haben«, schrieb die in den USA geborene französische Tänzerin und Sängerin einmal. »Ich würde nie aufgeben, niemals. Eine Geigerin hat ihre Violine, eine Malerin ihre Farben. Ich hatte nur mich selbst. Ich war mein eigenes Instrument, das ich stets hegen und pflegen musste, so wie Sidney [Bechet] auch immer so viel Aufhebens um seine Klarinette gemacht hat.« Baker rieb sich jeden Morgen eine halbe Stunde lang den Körper mit Zitronensaft ein – in der Hoffnung, ihre Haut würde dadurch heller. Dieser Wunsch begleitete sie ihr ganzes Leben lang. Genauso viel Zeit widmete sie ihrer Haarpflege, folgte jedoch nie einer Diät oder einem bestimmten Trainingsplan. Zumindest nicht zu Beginn ihrer Karriere, als sie täglich zehn Stunden oder mehr tanzte.

Im Paris der 1920er tanzte Baker abends im Folies Bergère und trat anschließend in weiteren Cabarets auf, bis sie schließlich bei Tagesanbruch nach Hause ging, »durch ein düsteres Paris, das sich für die Arbeit fertig machte, das Paris der Armen. Zu Hause fiel ich dann ins Bett, kuschelte mich mit meinen Hunden ein und schlief, bis mich das Zimmermädchen gegen vier weckte.«

So lange konnte Baker jedoch nicht immer schlafen, sie litt zeit ihres Lebens unter Albträumen und Schlafstörungen und klingelte oft bereits morgens um halb sechs Freunde aus dem Bett, obwohl sie fast die gesamte Nacht wach verbracht hatte.

»Ihr Geheimnis waren Powernaps«, erinnert sich eine Freundin. »Oft waren wir mitten im Gespräch, und plötzlich schlief sie ein. Eine halbe Stunde später wachte sie dann abrupt wieder auf und redete einfach weiter, als hätte es keinerlei Unterbrechung gegeben.«

Bakers ständiger Schlafmangel, ihr anstrengender Alltag und ihr übermäßiger Ehrgeiz forderten jedoch irgendwann ihren Tribut, und die Tänzerin wurde immer gereizter.

»Sie stand ständig kurz vorm Nervenzusammenbruch«, so eine ihrer Angestellten. »Und man wusste vorher nie, was sie zum Ausrasten bringen würde. Phasenweise hatte sie jeden Tag solch einen Anfall, dann wieder zwei pro Tag oder auch mal nur einen pro Woche. Manchmal hielt die Krise auch eine ganze Woche an. Ihre Ausbrüche waren wie epileptische Anfälle, gegen die sie nichts tun konnte.«

Bakers erster Ehemann bestätigte, dass sie nicht in der Lage war zu entspannen. »Freunde schlugen uns oft vor, doch mal einen ruhigen Tag bei ihnen im Sommerhaus zu verbringen«, schrieb er. »Josephine nahm die Einladung dann höflich an, fand aber kurz vorher jedes Mal eine Ausrede. Es gab immer etwas, wo sie hinwollte oder was sie unternehmen wollte. ›Stell doch mal kurz den Motor ab, Josephine‹, habe ich sie manchmal aufgezogen. Aber das konnte sie einfach nicht. Tempo rausnehmen war bei ihr nicht drin.«

Djuna Barnes

(1892–1982)

Barnes wurde in einem Blockhaus mit Blick über den Hudson geboren. Sie studierte kurze Zeit Kunst in New York, brach das Studium jedoch ab, um als Journalistin zu arbeiten. Sie spezialisierte sich auf impressionistische Reportagen und das, was heute als Stunt- oder empirischer Journalismus bezeichnet wird. (Für einen Artikel ließ sie sich von Ärzten zwangsernähren wie die Suffragetten, die sich zu der Zeit im Hungerstreik befanden, und berichtete über die Erfahrung.) Im Jahr 1920 ging Barnes im Auftrag von *McCall's* nach Paris, wo sie die nächsten zwanzig Jahre bleiben, sich der Literatur zuwenden und eines der geistreichsten und stilsichersten Mitglieder der dortigen Gemeinschaft von Exil-Schriftstellerinnen und -Künstlerinnen werden sollte. In Paris verliebte sie sich in die Bildhauerin und Silverpoint-Künstlerin Thelma Wood. Die Trennung nach acht Jahren Beziehung inspirierte Barnes schließlich zu ihrem Meisterwerk *Nachtgewächs*, das 1936 erschien.

Einen Großteil des Romans schrieb und überarbeitete Barnes in den Sommern 1932 und 1933, die sie in Hayford Hall verbrachte, einem englischen Landsitz, den die amerikanische Erbin Peggy Guggenheim angemietet hatte. Guggenheim, die später Barnes' wichtigste Mäzenin wurde und ihr über Jahrzehnte hinweg ein monatliches Stipendium zahlte, hatte Hayford auf die Empfehlung ihres Geliebten John Ferrar Holms hin gemietet. Holms war ein verwegener, wenn auch dem Alkohol verfallener Engländer, der die Nächte durchtrank und dabei große Reden über die Poesie des 15. Jahrhunderts und andere literarische Lieblingsthemen schwang. Neben Barnes, Guggenheim und ihm hielten sich auch die Schriftstellerinnen Emily Coleman und Antonia White in Hayford auf, darüber hinaus Guggenheims beide Kinder aus ihrer früheren Ehe sowie Whites Sohn. Die Kinder waren allerdings in einem anderen Teil des Hauses untergebracht, damit sie die Erwachsenen morgens nicht störten – eine weise Entscheidung, wenn man die nächtlichen Trinkgelage voller literarischer Debatten und der einen oder anderen turbulenten Partie Wahrheit oder Pflicht bedenkt.

Barnes empfand diese Atmosphäre als nahezu perfekt für ihr Schreiben. Die vielen Gespräche über Literatur waren inspirierend, außerdem konnte sie sich den halben Tag für die Arbeit in ihrem Zimmer verkriechen. Ihrem Biografen Phillip Herring zufolge verbrachte Barnes ihre Tage in Hayford damit, »bis zum Mittagessen im Bett zu liegen und zu schreiben, dann zu lesen, spazieren zu gehen oder ein wenig Tennis zu spielen«. Die Spaziergänge stellten sich jedoch als nervenaufreibend heraus, wie sich Barnes später erinnerte: »Die Landschaft um Hayford Hall herum war gruselig, überall Knochen und Pferdeschädel, und außerdem jagte der Hund Kaninchen & brachte sie (noch warm und zuckend) mir, John und Peggy. Irgendwann ging ich dort dann überhaupt nicht mehr spazieren, weil ich es schlichtweg nicht ertragen konnte.«

Doch ansonsten gab es keinen Grund zur Klage. Abends las sie der Runde aus ihrem Roman vor und gab Holms gelegentlich Passagen daraus, damit er sie mit Anmerkungen versah. So produktiv sollte Barnes nie wieder sein: Ihr nächstes Werk, ein Theaterstück namens *Antiphon*, erschien auf Englisch erst 1958, zweiundzwanzig Jahre nach *Nachtgewächs*. Am fehlenden Arbeitseifer lag es offenbar nicht, denn folgende ermunternde Worte schrieb Barnes einmal an ihre Schriftstellerkollegin Antonia White: »Die eingerostete Seele wieder in Gang zu setzen, erscheint einem beinahe wie ein unüberwindbares Hindernis. Gerade deshalb ist es so wichtig, jeden Tag zu arbeiten – und kommt dabei auch der jämmerlichste Quatsch heraus, hat man am Ende doch eine oder zwei Seiten vor sich, die es sonst nicht gegeben hätte. Schreib weiter. Das ist die einzige Hoffnung für uns Frauen, mal abgesehen vom Klöppeln.«

Katherine Mansfield

(1888–1923)

Die gebürtige Neuseeländerin Mansfield beherrschte nicht nur die Kunst der Kurzgeschichte, sondern auch die für Schriftsteller typischen Künste der Prokrastination, des Selbstzweifels und der Selbstkasteiung bestens.

Gemäß ihrem Tagebuch wollte Mansfield täglich schreiben, schaffte es aber oft nicht und machte sich dann Vorwürfe, während sie sich gleichzeitig fragte, ob ein freier Tag wirklich so schlimm sei. »Ich gestehe, heute habe ich den Tag untätig verstreichen lassen – Gott weiß, warum«, schrieb Mansfield etwa im Jahr 1921.

> So viel war zu schreiben, aber ich habe es einfach nicht getan. Ich hatte es ja vor, aber nach dem Mittag war ich müde und ruhte mich stattdessen aus. Ist dieses Verhalten gut oder schlecht? Ich habe ein schlechtes Gewissen, weiß gleichzeitig jedoch auch, dass die Ruhe sehr wichtig für mich ist [...]. Es gibt so viel zu tun, und ich tue so wenig. Das Leben hier wäre fast vollkommen, wenn ich nur immer auch wirklich arbeiten würde, wenn ich vorgebe zu arbeiten. Das sollte doch nicht so schwierig sein, oder? So viele Geschichten, die ge-

duldig an der Türschwelle warten. Wieso lasse ich sie nicht einfach herein? Andere, die da draußen lauern und nur auf die Gelegenheit warten, würden ihren Platz einnehmen.

Mansfield hatte jedoch einen besseren Grund als die meisten anderen Schriftsteller, sich einen Tag freizunehmen. Mit siebzehn wurde bei ihr Tuberkulose festgestellt (an der sie im Alter von vierunddreißig Jahren starb), und sie brauchte die Ruhe wirklich. Zudem musste sie sich eingestehen, dass die schreibfreien Tage im Grunde genauso wichtig waren wie die, an denen sie im herkömmlichen Sinne produktiv war. »Früher oder später funktioniert es plötzlich wieder, das war bis jetzt immer so«, schrieb Mansfield in ihrem Tagebuch. »Die Frage ist nur, wie lange das noch möglich ist. Bis jetzt hat es zumindest noch immer geklappt.«

Edna St. Vincent Millay

(1892–1950)

»Wenn ich an einem Buch arbeite, dann arbeite ich ununterbrochen«, erzählte die US-amerikanische Dichterin 1931 einem Journalisten.

> Ich habe immer ein Notizbuch und einen Bleistift auf dem Nachttisch [...]. Manchmal schrecke ich nachts hoch und schreibe wie eine Verrückte bis zum Morgengrauen. Und ich denke auch ununterbrochen über meine Arbeit nach, egal, ob ich im Garten bin oder mich mit jemandem unterhalte. Deshalb bin ich oft so müde. Nachdem ich [die Sonettreihe] »Fatal Interviews« abgeschlossen hatte, war ich völlig erschöpft. Ich hatte ja nie Ruhe vor den Gedichten, sie waren mir die letzten anderthalb Jahre Tag und Nacht im Kopf herumgegangen.

Zu diesem Zeitpunkt lebte Millay bereits seit mehreren Jahren auf Steepletop, einem verlassenen Hof, den sie und ihr Mann 1925 gekauft und in ein elegantes Anwesen mit weitläufigem Garten verwandelt hatten. Es gab eine Freiluftbar, einen Tennisplatz, ein Schwimmbecken, das von einer Quelle gespeist wurde und in dem die Gäste nackt schwimmen sollten, und eine etwas abgelegene Schreibhütte für Millay (obwohl sie oft im Haupthaus im Bett schrieb).

Millays Mann, der niederländische Kaffeeimporteur Eugen Boissevain, hatte seine Geschäfte aufgegeben, um sich um Steepletop zu kümmern. Dies stellte sich als ideales Arrangement heraus. Als ein Journalist die Dichterin einmal fragte, wie sie so einen großen und komplizierten Haushalt managen würde, antwortete sie, dass sie gar nichts damit zu tun hätte:

> Das ist Eugens Aufgabe. Er stellt die Bediensteten ein, er führt sie herum, er erklärt ihnen alles. Ich mische mich da nicht ein, er macht das alles, wie er es für richtig hält. Wenn mir etwas nicht gefällt, sage ich es

> ihm. Ich habe keine Zeit, mich selbst um so etwas zu kümmern. Ich möchte nicht wissen, was es zum Essen gibt. Ich möchte mich im Esszimmer an den Tisch setzen wie in einem Restaurant und sagen: »Was für ein tolles Menü heute!« Weil er sich um den Haushalt kümmert, muss ich es nicht tun, was einer Frau ja normalerweise Zeit und Laune stiehlt. Eugen und ich leben wie zwei unverheiratete Männer zusammen. Ihm fällt die Organisation des Haushalts leichter als mir, deshalb übernimmt er diesen Teil. Und ich gehe meiner Arbeit nach, dem Schreiben von Gedichten.

Dieses Arrangement war anfangs nicht einfach für Millay. »Es ist mir sehr wichtig, dass alles auf eine bestimmte Weise erledigt wird«, sagte sie. »Aber ich halte meine Bedenken auf Abstand, ich erlaube ihnen nicht, mir Konzentration und Stimmung kaputt zu machen.« Für sie war das Verfassen von Gedichten ein sehr störanfälliger Vorgang, und sie achtete stets darauf, ihn sich nicht von alltäglichen Sorgen durcheinanderbringen zu lassen. »Wenn

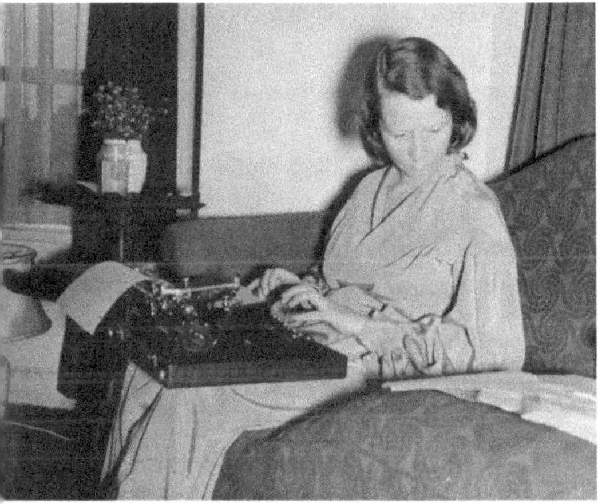

Edna St. Vincent Millay auf Steepletop, 1930er

man ein Gedicht schreibt, wurzelt dabei etwas in den Gedanken, im eigenen Leben«, so Millay. »Und man spürt das immer deutlicher. Es entsteht wie aus dem Nichts.«

Hatte sie eine erste Fassung fertig, überarbeitete sie diese wieder und wieder. Oft legte sie ein Gedicht auch für mehrere Monate beiseite, einmal sogar für zwei Jahre. »Ich schreibe erst weiter, wenn es abgekühlt ist und ich es mit den Augen einer Kritikerin betrachten kann, als hätte ich es nicht selbst geschrieben. Erst wenn es meiner strengsten Analyse standhält, lasse ich es hinaus in die Welt.«

Dies verlangte ihr sehr viel Energie ab, und während es für Gäste aussah, als würden Millay und ihr Mann dort auf dem Land ein angenehmes und sorgloses Leben führen, zwang die Dichterin sich hinter den Kulissen bis ans Limit.

»Ich kann einen kompletten Garten umgraben und spüre keinerlei Müdigkeit«, so Millay. »Aber diese intensiven Emotionen, die mit dem Gedichteschreiben oder generell mit kreativem Schreiben einhergehen, die bringen mich an den Rand der Erschöpfung. Ich leide ständig unter Kopfschmerzen. Sie gehen auch während der Arbeit nicht weg, es gibt keine Heilung außer Arbeit. Die Ärzte meinen, ich solle mal wegfahren und mich auskurieren. Aber wer will denn schon monatelang faul herumliegen?«

Josephine Meckseper

(*1964)

»Das Tolle am Künstlerdasein ist, dass man sich seine Zeit selbst schaffen kann, anstatt sich ihr zu unterwerfen«, sagte Meckseper 2017. Die in Deutschland geborene, inzwischen in New York lebende Künstlerin hatte die Zeit bereits von klein auf ihren eigenen Bedürfnissen angepasst: Schon als Kind schlief sie am liebsten aus und weigerte sich, vor 10 Uhr in die Schule zu gehen. »Ich habe einen Zettel an die Tür gehängt, dass ich nicht vor halb zehn geweckt werden will«, erzählte sie einmal. »An feste Zeiten habe ich mich nie gehalten.« (Dass Meckseper mit Künstlereltern in der legendären Künstlerkolonie Worpswede aufgewachsen ist, die ihr Großonkel, der Maler und Architekt Heinrich Vogeler, gegründet hatte, war dabei sicher hilfreich.)

Auch als junge Künstlerin behielt Meckseper das Ausschlafen bei, sie arbeitete am liebsten nachts und stand erst mittags auf. Inzwischen ist sie jedoch wieder wie früher ab 10 Uhr auf den Beinen. »Morgens kommen mir die besten Ideen«, sagte sie. »Und ich schiebe den Kontakt mit der Außenwelt so lange wie möglich auf, um mir diesen ungetrübten Augenblick zu erhalten.« Nach dem Aufstehen duscht und frühstückt sie, macht Sport und trinkt die ersten zwei Espressi des Tages. Gegen Mittag geht Meckseper zu Fuß zu ihrem Atelier im vierten Stock eines Fabrikgebäudes in der Lower East Side von Manhattan, wo sie den dritten Espresso trinkt und sich kurz mit ihren Assistentinnen bespricht. Dann macht sie sich an die »verschiedenen Aspekte der Konzeptualisierung und Umsetzung ihrer Arbeiten«. Da diese groß- und kleinformatige Installationen, Gemälde, Fotografien und Filme umfassen, unterscheiden sich ihre Arbeitstage sehr – entweder sitzt sie über 3-D-Modellen und technischen Zeichnungen, sichtet Materialmuster oder trifft sich mit Herstellern, Bühnenbildnern, Kameraleuten oder anderen Mitarbeitern.

Für die Mittagspause um 14 Uhr lässt sich Meckseper den immer gleichen Salat und Eiskaffee per Fahrradkurier aus einem Café in der Nähe liefern. Nach dem Essen arbeitet sie bis 20 Uhr im Atelier. Wenn sie eine ihrer äußerst seltenen Pausen braucht, geht sie in einen nahe gelegenen Park in Chinatown, »um die vielen Leute zu beobachten, die flanieren, Badminton spielen oder traditionelle Tänze aufführen«, so Meckseper. »In Welten, die meiner eigenen völlig fremd sind, kann ich mich am besten erden.« Nach der Arbeit isst sie mit Freunden zu Abend und geht gegen 1 oder 2 Uhr nachts ins Bett.

Diesen Zeitplan einzuhalten, fällt ihr nicht schwer, im Gegenteil, sie empfindet ihn gar nicht als solchen. »Für mich dreht sich alles um den kreativen Prozess, nicht andersherum. Ich brauche keine Routine, keinen Plan, weil die Ideen und meine Arbeit den Raum automatisch ausfüllen.« Auch Schaffenskrisen kennt Meckseper nicht – im Gegenteil: »Meistens habe ich zu viele Ideen und muss mich zügeln, um erst ein Projekt zu Ende zu bringen.« (Allerdings hat sie das Gefühl, am besten an regnerischen Tagen arbeiten zu können, und wünschte, es würde in New York mehr regnen.) Ansonsten gibt es nur eine Grundvoraussetzung für ihr kreatives Schaffen: »Ohne Kaffee zu arbeiten, ist schlichtweg unmöglich – ich brauche mindestens fünf Espressi am Tag. Koffein treibt mich gleichermaßen an, wie es mich beruhigt.«

Hilary Mantel

(*1952)

Für Mantel, Booker-Preisträgerin und Autorin eines Memoirs und mehrerer Romane, unter anderem *Wölfe* und *Falken*, ist das literarische Schreiben eine allumfassende und überwältigende Tätigkeit. »Manche Autorinnen und Autoren behaupten, sie könnten Bücher so gleichmäßig aus sich herausdrücken wie Zahnpasta aus der Tube, eine Geschichte konstruieren wie eine Mauer, oder ihren Fortschritt messen wie mit einem Schrittzähler«, schrieb die englische Schriftstellerin im Jahr 2016.

> Sie sitzen am Schreibtisch, absolvieren ihr Seitenpensum und begeben sich dann mit

stolzgeschwellter Brust in den wohlverdienten Feierabend. Das ist mir derart fremd, dass es mir so vorkommt, als hätten wir verschiedene Berufe. Artikel oder Vorträge zu schreiben – also jegliche Art von Sachtexten –, mag ein Job wie jeder andere sein: Zeit und Ressourcen einteilen und los. Doch bei der Fiktion unterwerfe ich mich einem Prozess, dessen Anfang und Ende unbestimmt und dessen Fortschritt überhaupt nicht messbar ist. Ich schreibe nicht chronologisch. Es kommt vor, dass zehn verschiedene Versionen einer Szene existieren. Mal verbringe ich eine Woche damit, ein Bild oder ein Leitmotiv in die Geschichte einzuflechten, ohne dass der Plot dabei auch nur im Geringsten vorangetrieben wird. Ein Buch wächst nach einem raffinierten, ausgeklügelten Muster. Das ich erst ganz am Ende erkenne.

Mantel schreibt jeden Morgen, sobald sie die Augen öffnet, um die Überreste des Traumzustands in den Tag hinüberzuretten, ehe er sich verflüchtigt. (Manchmal wacht sie mitten in der Nacht auf und schreibt erst einmal ein paar Stunden, bevor sie weiterschläft.) Ihre Arbeitstage lassen sich in zwei Kategorien unterteilen: »Tage, an denen die Sätze nur so fließen« und sie »Tausende Wörter verteilt auf diverse Projekte« schreibt, und »Tage, an denen es hakt«, die »von Selbstzweifeln und Angst geprägt sind und sich später doch als produktiv und sinnvoll herausstellen«. Sie schreibt per Hand oder am Computer und neigt laut eigener Aussage dazu, »lange nachzudenken und schnell zu schreiben«, sodass sie einen Großteil des Arbeitstages nicht am Schreibtisch, sondern mit Nachdenken verbringt. Wenn sie sich dann an den Computer setzt, schrieb Mantel im Jahr 2016, verkrampfe sich ihr Körper gelegentlich zu einem »harten, festen Knäuel«. »Dann muss ich aufstehen und es unter der heißen Dusche wieder entwirren. Duschen hilft übrigens auch gegen Schreibblockaden. Ich bin der sauberste Mensch, den man sich vorstellen kann.«

Anderen Schriftstellerinnen mit Schreibblockade rät Mantel, vom Schreibtisch aufzustehen: »Spazieren gehen, sich in die Badewanne oder ins

»Duschen hilft gegen Schreibblockaden.«

Bett legen, Kuchen backen, zeichnen, Musik hören, meditieren, Sport machen – egal was, Hauptsache, man brütet nicht über dem Problem«, schrieb sie einmal. »Nur telefonieren oder auf eine Party gehen sollte man nicht, denn dann nehmen die Worte anderer Leute den Platz ein, den die eigenen bekommen sollten. Man muss seinen verlorenen Worten Raum geben, Platz für sie schaffen. Man muss Geduld haben.« Geduld ist etwas, worin sich Mantel im Laufe ihrer Karriere als Meisterin erwiesen hat: Die Idee, eine Buchserie über das Leben von Thomas Cromwell zu schreiben, kam ihr bereits mit Mitte zwanzig, und doch schrieb sie den ersten Teil, *Wölfe*, erst dreißig Jahre später. (Als sie endlich mit dem Schreiben begann, tat sie es allerdings in erstaunlichem Tempo, sie brauchte gerade einmal fünf Monate für den knapp achthundert Seiten umfassenden Roman und arbeitete acht bis zwölf Stunden am Tag.)

»Manchmal werde ich gefragt, ob mich das Schreiben glücklich macht«, erzählte Mantel 2012 einer Journalistin.

Aber ich glaube, darum geht es nicht. Es wühlt einen auf, man fühlt sich dauerhaft aus dem Gleichgewicht gebracht. Ruhig und gelassen ist man eigentlich nie, sondern eher wie das Mädchen in dem Märchen »Die roten Schuhe«; man muss immer weiter tanzen, kommt nie zur Ruhe. Ich glaube nicht, dass Schreiben glücklich macht. […] Ich glaube, es führt zu einem durch und durch unbeständigen Leben, und sollte es je beständig werden, wäre man am Ende.

Agnès Varda

(1928–2019)

Varda wurde häufig als Großmutter der Nouvelle Vague bezeichnet, eine Bezeichnung, die vor allem gegen Ende ihres Lebens zutreffend schien, als die Neunzigjährige auf ein Werk von einundzwanzig Spielfilmen und mehr als einem Dutzend Kurzfilmen zurückblicken konnte. Doch als ihr dieser Spitzname verpasst wurde, war Varda gerade einmal dreißig Jahre alt und empfand sich nicht unbedingt als alte Meisterin des Kinos. 1954 erschien ihr erster Film *La Pointe Courte*, und bis zu diesem Zeitpunkt, so Varda später, habe sie überhaupt erst fünf Filme gesehen. *La Pointe Courte* sollte ursprünglich ein Roman werden. »Aber ich hatte die Handlung mit Zeichnungen skizziert und sie einem Mann gezeigt, der Regieassistent beim Film war«, erzählte sie 1970. »Und der meinte, das Kino wäre das perfekte Medium dafür. Also habe ich mir Geld geliehen und mich ans Werk gemacht.« Im selben Interview beschrieb Varda ihre Motivation, Filme zu machen, als »unterschwelligen Drang«.

Varda brauchte sieben Jahre, um ihren nächsten Film zu vollenden, *Cleo – Mittwoch zwischen 5 und 7*: »Nicht, weil ich eine Frau war, sondern weil ich Filme schrieb, die finanziell schwierig umzusetzen waren«, sagte sie. Doch auch zu den Schwierigkeiten als Frau in einer Männerdomäne wie der des Films äußerte sie sich: »Es gibt im Wesentlichen zwei Probleme. Erstens muss dafür gesorgt werden, dass in allen Berufen Frauen zu gleichen Teilen wie

Männer vertreten sind. Und zweitens brauchen Frauen, die Beruf *und* Familie wollen, unsere Unterstützung dabei, ihre Kinder, wann und mit wem sie wollen, zu bekommen«, sagte Varda 1974. Für sie selbst, fügte sie hinzu, »gibt es nur eine Lösung, und zwar eine Art ›Überfrau‹ zu sein, die mehrere Leben gleichzeitig führt. Die größte Schwierigkeit in meinem Leben war genau das – mehrere Leben gleichzeitig zu führen und keins davon zu vernachlässigen: die Kinder nicht aufzugeben, das Kino nicht aufzugeben und die Männer nicht aufzugeben, wenn man Männer mag.«

Im selben Jahr bekam Varda vom deutschen Fernsehen eine Carte Blanche und ein Jahr Zeit, einen neuen Film zu machen – doch ein Jahr zuvor war ihr zweites Kind zur Welt gekommen, und sie wusste aus eigener Erfahrung, wie es war, sich am Filmset um ein kleines Kind zu kümmern. Also beschloss sie, ihren nächsten Film zu drehen, ohne das Haus zu verlassen. »Ich sagte mir, ich sei wohl eben das Paradebeispiel weiblicher Kreativität – stets etwas eingeschränkt und behindert durch Heim und Mutterschaft«, sagte sie 1975.

> Also überlegte ich, wie ich mit diesen Einschränkungen umgehen sollte. Konnte ich meine Kreativität innerhalb dieser Grenzen freisetzen? […] Ich nahm also diesen Gedanken, diese Tatsache, dass die meisten Frauen an ihr Zuhause gefesselt sind, als Ausgangspunkt: Ich band mich an Heim und Herd. Ich stellte mir eine neue Nabelschnur vor. Ich hatte ein spezielles achtzig Meter langes Kabel am Stromkasten in meinem Haus. Ich beschloss, dass das die Reichweite war, innerhalb derer ich drehen würde. Ich konnte nicht weiter weg, als mein Kabel es zuließ. Alles, was ich brauchte, würde ich innerhalb dieses Umkreises finden und mich niemals weiter vorwagen.

Der Plan ging auf: Varda filmte auf diese Weise den Alltag der Händler in ihrer Nachbarschaft für den Dokumentationsfilm *Daguerreotypen – Leute aus meiner Straße*. Das war sehr typisch für ihre Arbeitsweise, denn sie arbeitete gern schnell und »filmte, sobald mir die Idee kam«, während sie sich noch »mitten in den Geburtswehen der Fantasie« befand. (Den Film *Das Glück aus dem Blickwinkel des Mannes* von 1965 schrieb sie innerhalb von drei Tagen.) Dennoch tat sie den Begriff »Inspiration« ab:

> Künstler haben früher ständig von Inspiration gesprochen, von ihrer Muse. Die Muse! Wie amüsierend! Es ist keine Muse, sondern die Verbindung zu kreativen Kräften, die etwas hervorruft, wenn man es braucht … Man sollte mit freier Assoziation arbeiten, mit Traumzuständen, dem Schwelgen in Erinnerungen, Zufallsbegegnungen, Objekten. Ich versuche, ein Gleichgewicht zu schaffen zwischen der strengen Disziplin, die ich mir während meiner dreißig Jahre des Filmemachens angeeignet habe, und diesen vielen unvorhersehbaren Augenblicken, dem Aufflackern des Zufalls.

Sie betrachte ihre Karriere zunehmend gelassener, sagte sie 1988, das sei einer der Vorteile des Alterns. Anstehende Arbeit mache sie nicht mehr nervös, sondern sie genieße »das Privileg, etwas in mir zu tragen, das niemand anrühren, das niemand mir nehmen kann«. Und dann, wenn sich die Gelegenheit böte, einen neuen Film zu machen, mache sie sich stets mit enormer Energie ans Werk. »Meist ist meine Filmcrew genervt von dem extremen Tempo, in dem ich arbeite, und natürlich von meinen Erwartungen an sie«, sagte sie. »Ich stehe um fünf Uhr morgens auf, um die Dialoge zu schreiben. Dann bin ich eine Stunde vor den anderen am Set, um mich zu vergewissern, dass alles vorbereitet ist. Manchmal kommen mir auch in letzter Sekunde noch Einfälle, die ich sofort verwirklichen möchte. Ich stelle sehr hohe Anforderungen, die ohne Wenn und Aber in die Tat umgesetzt werden müssen.«

Ida Lupino

(1918–1995)

Lupino, die einer langen Reihe darstellender Künstlerinnen entstammte, siedelte in den 1930ern von England nach Hollywood über und machte als lebenserfahrene Schauspielerin in Filmen wie *Nachts unterwegs, Entscheidung in der Sierra* und *Der Seewolf* auf sich aufmerksam. Doch eigentlich »mochte [sie] die Schauspielerei gar nicht«, sagte sie einmal. »Der Beruf ist die reinste Quälerei und macht einem das Privatleben kaputt.«

1949 gründete sie mit ihrem zweiten Ehemann eine unabhängige Produktionsfirma. Sie war Drehbuchautorin und Regisseurin mehrerer Low-Budget-Produktionen, in denen Tabuthemen wie Vergewaltigung, außereheliche Kinder und Bigamie behandelt wurden. 1953 erschien ihr Meisterwerk *The Hitch-Hiker*, ein spannungsgeladener Thriller, der als der einzige Film noir unter der Regie einer Frau gilt. In den darauffolgenden Jahrzehnten produzierte Lupino nur noch einen Spielfilm, führte jedoch bei zahllosen Fernsehserien Regie, darunter *Alfred Hitchcock präsentiert, Verliebt in eine Hexe, Gilligans Insel* und *The Twilight Zone*.

Lupino hatte auch mit jeder Menge Sexismus zu kämpfen, dem sie mit ihrer beeindruckenden Arbeitsmoral begegnete. »Sobald das Drehbuch vorliegt, mache ich mich an die Arbeit«, sagte sie.

»Ich beschäftige mich eingehend damit, und wenn es dann an die Dreharbeiten geht, weiß ich meistens schon, wie ich vorgehen will. Und das mache ich dann auch, egal, ob ich damit richtig- oder falschliege.« Nach Möglichkeit bereitete sie sich an den Wochenenden auf die kommende Woche vor. »Samstags und sonntags, wenn es dort schön ruhig ist, gehe ich aufs Studiogelände oder an den Drehort und überlege schon mal, wo ich die einzelnen Szenen drehen will.« (Als Drehbuchautorin war sie nicht ganz so organisiert. Der Biograf William Donati berichtet: »Manchmal schrieb Ida vierundzwanzig Stunden am Stück und bekritzelte alles, was gerade zur Hand war, von Schmierpapier bis hin zu Einkaufstüten.«)

Am Set setzte Lupino zudem eine mütterliche Fassade auf; Schauspieler und Crew nannten sie »Mutter«, und der Spitzname gefiel ihr. »Die weibliche Herangehensweise ist ganz wesentlich«, erklärte sie. »Männer können herrische Frauen nicht ausstehen. Einem Mann gibt man keine Anweisungen, sondern Vorschläge. ›Ihr Lieben, Mutter hat da ein Problem. Ich würde das am liebsten so machen. Kriegt ihr das hin? Ich weiß, das klingt verrückt, aber könntet ihr Mutter nicht den Gefallen tun?‹ Und dann machen sie es. Auf diese Art und Weise sind sie kooperativer. Ich habe mir größte Mühe gegeben, nie aus der Haut zu fahren. Das kann man sich als Frau nicht leisten [...] Solange man selbst die Nerven behält, zieht die Crew mit. Ich hab mich gerne Mutter nennen lassen.«

Natalia Ginzburg

(1916–1991)

Ginzburg war eine italienische Romanautorin, Essayistin, Übersetzerin und Dramatikerin und wird oft als bedeutendste italienische Schriftstellerin der Nachkriegszeit bezeichnet. Im Vorwort zu einer Sammlung von Interviews mit Ginzburg erinnert sich ihre Enkelin Lisa daran, wie die Autorin ihren Tag verbrachte:

> Sie trug eine Stille in sich, eine tiefe und innige Stille. [...] Durch den Lärm ihrer äußerst aktiven Tage drang das Echo der

einsamen Stunden bei Tagesanbruch, die sie mit Schreiben verbrachte. Stunden, die sie dem Schlaf gestohlen hatte, auf Geheiß dessen, was sie selbst ihren »Herrn« nannte: das grundlegende, unbestreitbare, uneingeschränkte Bedürfnis, ihrem Schreiben Zeit einzuräumen. Es war eine innere Stille, die man von ihrem Gesicht ablesen konnte, wenn sie mit halb geschlossenen Lidern angestrengt allem lauschte, was um sie herum vorging, lauschte, um es später »noch einmal durchkauen« zu können. Dieses »Wiederkäuen« von Gedanken war eins ihrer Lieblingskonzepte, womit sie auch Phasen des Nichtstuns rechtfertigte. Nichtstun sei nützlich, sagte sie immer, denn nur wenn wir nichts täten, könne der Geist »wiederkäuen«.

Entgegen der Erinnerung ihrer Enkelin war das morgendliche Schreiben nicht immer Ginzburgs Gewohnheit gewesen. Im Jahr 1940 wurde ihr Mann, der antifaschistische Aktivist und Journalist Leone Ginzburg, von den Faschisten ins Exil in ein abgelegenes, verarmtes Dorf in den Abruzzen verbannt, und Ginzburg und ihre beiden kleinen Kinder gingen mit ihm. In den Jahren zuvor war Ginzburg zu sehr von ihrem Mutterdasein in Beschlag genommen, als dass sie ihre Leidenschaft des Geschichtenschreibens, die sie seit ihrer Kindheit hegte, weiter hätte verfolgen können. »Ich konnte nicht verstehen, wie sich eine Frau zum Schreiben hinsetzen kann, wenn sie Kinder hat«, schrieb sie später. Doch in dem Dorf fand Ginzburg ihre Inspiration wieder, fühlte sich in der Lage, die Gefühle für ihre Kinder zu kontrollieren und sich weit genug von ihnen zu distanzieren, um wieder eine fiktive Welt erschaffen zu können. Ginzburg suchte sich ein Mädchen im Dorf, das nachmittags auf ihre Kinder aufpasste, sodass sie von 15 bis 19 Uhr schreiben konnte, Stunden, in denen sie »gierig und voller Freude« an der Geschichte arbeitete, die ihr erster Roman *Die Straße in die Stadt* werden sollte, veröffentlicht im Jahr 1942.

Obgleich die Familie im politischen Exil lebte, sagte Ginzburg einmal, der Roman sei in einer Zeit großen Glücks entstanden. Ihren nächsten Roman hingegen schrieb sie in einem Zustand »tiefster Melancholie«, nachdem ihr Mann von der italienischen Polizei ermordet worden war. (Nach dem Fall Mussolinis war er nach Rom zurückgekehrt, nur um dort festgenommen und im Gefängnis Regina Coeli zu Tode gefoltert zu werden. Er war vierunddreißig Jahre alt.) In einem ihrer bekanntesten Essays, »Mein Beruf«, geht es um den Unterschied zwischen dem Schreiben aus Freude und dem Schreiben aus Leid – Ginzburg zufolge beides Fallstricke für das literarische Schaffen. In Zeiten des Glücks, schrieb sie, sei es einfach, der Fantasie freien Lauf zu lassen und Figuren und Situationen außerhalb der eigenen Erfahrungswelt zu erfinden – doch diesen Figuren fehlt womöglich das nötige Mitgefühl, um daraus große Literatur zu machen, und der ersonnenen Welt mangele es vielleicht an »Geheimnissen und Schatten«. Werke, die unglücklich geschrieben würden, könnten hingegen durch die starke Sympathie des Autors oder der Autorin für die Figuren belastet sein, die meist zu nahe an der eigenen Situation und ein durchschaubarer Versuch seien, die eigene Trauer zu verarbeiten. Ginzburg hielt es für unmöglich, sich selbst durch das Schreiben über den Schmerz hinwegzutrösten. »Man darf sich nicht selbst etwas vormachen, indem man von seiner Berufung Streicheleinheiten und Trost erwartet«, schrieb sie.

Als Ginzburg jedoch etliche Jahre später auf ihre Essays zurückblickte, sagte sie, ihre Überzeugung habe sich über die Jahrzehnte etwas geändert:

> Ich muss sagen, im Laufe meines Lebens habe ich verstanden, dass der Gemütszustand für das Schreiben mit der Zeit immer unwichtiger wird, denn ab einem gewissen Punkt im Leben hat man so viele Verluste erlitten, dass eine unterschwellige Traurigkeit allgegenwärtig ist. Und dadurch wird ihr Einfluss weniger stark. Man lernt, unabhängig vom Gemütszustand zu schreiben, und fühlt sich … ich will nicht sagen, distanzierter vom eigenen Leben, aber zumindest etwas besser in der Lage, es zu beherrschen.

Harriet Beecher Stowe

(1811–1896)

»Wenn ich schreiben will, brauche ich ein eigenes Zimmer, ein Zimmer ganz für mich allein«, verkündete Stowe im Jahr 1841 in einem Brief an ihren Mann und nahm damit Virginia Woolf den Ruf nach einem »Zimmer ganz für sich allein« um fast ein ganzes Jahrhundert vorweg. Zu diesem Zeitpunkt war Stowe dreißig Jahre alt, veröffentlichte seit mehreren Jahren Geschichten in Zeitschriften, und bald würde ihr erstes Buch erscheinen, eine Sammlung von Kurzgeschichten. Außerdem war sie bereits Mutter von vier der später insgesamt sieben Kinder, und obwohl ihr Mann, ein Theologieprofessor, für damalige Verhältnisse aufgeklärt war – er ermunterte Stowe zum Schreiben und kam ihrem Wunsch nach einem eigenen Zimmer gern nach –, erwartete er dennoch von seiner Frau, dass sie sich um Haushalt und Kinder kümmerte. Im Jahr 1850 be-

»Ein Zimmer
ganz für mich
allein.«

schrieb Stowe in einem Brief an ihre Schwägerin einen typischen Tag:

> Seit ich diesen Brief begonnen habe, wurde ich ein gutes Dutzend Mal fortgerufen – einmal war es der Fischmann, bei dem ich Kabeljau kaufen musste, einmal ein Mann, der mir einige Körbe Äpfel brachte – einmal musste ich einen Herrn wegen meiner Bücher empfangen … dann das Baby stillen – dann in die Küche, um Fischsuppe zum Abendessen zu machen, und nun sitze ich wieder hier, denn nur durch wilde Entschlossenheit gelingt es mir, überhaupt zum Schreiben zu kommen – es ist, als ruderte ich stetig gegen Wind und Wellen an.

Erstaunlicherweise schaffte sie es trotz der scheinbar endlosen Haushaltspflichten, drei Stunden am Tag zu schreiben. (»Das Kinderzimmer und die Küche sind meine Hauptarbeitsfelder«, sagte sie später.) Mit der Veröffentlichung von *Onkel Toms Hütte* im Jahr 1852 änderte sich ihre Situation jedoch dramatisch, denn der Roman verkaufte sich bereits im ersten Jahr dreihunderttausend Mal und machte Stowe quasi über Nacht reich und weltberühmt. Doch auch dieser Umstand brachte Probleme mit sich: Schon wenige Monate nach Erscheinen wurde Stowe förmlich »belagert mit Ersuchen um monetäre Unterstützung«, schrieb ihre Schwester. Dafür stand nie wieder zur Debatte, dass Stowe ihr Schreiben dem Haushalt unterordnet. Als sie mit der Arbeit am Nachfolger von *Onkel Toms Hütte* begann, schrieb ihr Mann an den Verlag, sie würden »alles in ihrer Macht Stehende tun, um ihr einiges von ihren Haushaltspflichten abzunehmen«.

Louisa May Alcott

(1832–1888)

Alcott verfasste ihre Bücher sozusagen in kreativen Energieschüben. Sie aß und schlief dann kaum und schrieb so gehetzt, dass sie sich irgendwann beibrachte, mit links zu schreiben, um ihrer völlig verkrampften rechten Hand ab und zu eine

Ruhepause zu gönnen. »Dieser Energieschub ergriff komplett Besitz von mir, zwei Wochen lang aß und schlief ich fast gar nicht, ich schrieb und schrieb nur wie eine Denkmaschine unter Volldampf«, hielt sie während der Arbeit an ihrem ersten Roman *Moods* fest.

Eine detailliertere Beschreibung von Alcotts Schreibrausch findet sich in ihrem nächsten und berühmtesten Roman *Betty und ihre Schwestern*, in dem die Protagonistin Jo March wie ihre Schöpferin schon in jungen Jahren vom Schreibfieber gepackt wurde:

> Alle paar Wochen zog Jo sich in ihr Zimmer oder auf den Speicher zurück und »fiel in einen Wörterwirbel«, wie sie es nannte. Sie schrieb mit Feuereifer an ihrer Novelle und konnte keinen Seelenfrieden finden, ehe sie nicht fertig war. Ihr Schreibanzug bestand aus einer alten schwarzen Schürze, an der sie unbesorgt ihre Feder abwischen durfte. Dazu trug sie ein Mützchen aus dem gleichen Material mit einer leuchtend roten Schleife obendrauf.

Erschien die Mütze auf Jos Haupt, so war das ein Signal für die ganze Familie, die sich dann in respektvoller Entfernung hielt. Nur hin und wieder steckte jemand den Kopf zur Tür herein und fragte interessiert: »Brennt der ›Spiritus rector‹, Jo?« Aber sogar diese Frage wurde nicht immer gestellt. Die Familie beobachtete in dieser Zeit nur sorgfältig die Mütze mit der roten Schleife und verhielt sich dementsprechend. War dieses ausdrucksvolle Kleidungsstück tief in die Stirn gezogen, dann war das das Zeichen harter Arbeit, die keine Unterbrechung duldete. Wurde die Geschichte aufregend, dann saß auch die Mütze gefährlich weit auf dem Hinterkopf, und die rote Schleife stand steil in die Luft. Lag die Mütze aber auf dem Boden, dann war die Autorin von Verzweiflung gepackt worden und raufte sich die Haare. Jeder Eindringling zog sich dann leise zurück, und niemand wagte es, Jo anzusprechen, bis die rote Schleife wieder froh und aufrecht über der begabten Stirn saß.

Jo hielt sich keinesfalls für ein Genie, aber wenn der Schreibfimmel sie überkam, vergaß sie darüber alles andere. Sie spürte dann weder Sorgen noch schlechtes Wetter und schloss sich in einer imaginären Welt ein, deren Gestalten für Jo genauso wirklich waren wie ihre eigene Familie. Sie schlief nicht, sie aß nicht, und die Tage waren viel zu kurz, um das Glück zu genießen, das sie nur in diesen Augenblicken fand. Diese Inspiration dauerte meistens ein oder zwei Wochen. Dann tauchte Jo hungrig, müde und oft sehr schlecht gelaunt aus ihrem »Wörterwirbel« wieder auf.

Genauso trug es sich zu, wenn Alcott arbeitete, nur dass ihre Familie nicht an ihrer Schreibmütze ablesen konnte, ob man sie gerade stören durfte, sondern an einem »Stimmungskissen« auf dem Sofa. Alcott wohnte fast ihr gesamtes Leben bei ihren Eltern und unterstützte diese auch finanziell. Während der Schreibphasen zog sie sich in ihr Zimmer an den kleinen halbrunden Schreibtisch zurück, den ihr Vater für sie gebaut hatte. Sie wurde jedoch auch schnell unruhig, spazierte dann vertieft in Gedanken zu ihrer Arbeit durch das Haus. Wenn sie sich dabei auf dem Sofa niederließ, kam es vor, dass Familienmitglieder sie ansprechen wollten. Man wusste jedoch aus der Vergangenheit, dass Alcott höchst empört reagierte, wenn man sie im falschen Moment beim Nachdenken störte. Deshalb benutzte Alcott eine Nackenrolle als eine Art »Konversationsschlagbaum«, wie es ihr Biograf John Matteson ausdrückte: »Wenn das Kissen aufrecht stand, durften Eltern und Schwestern sie gern ansprechen. Wenn das Kissen auf der Seite lag, hieß das jedoch, dass man sich leise zu verhalten und sie in Ruhe zu lassen hatte.«

Obwohl Alcotts Schreibrhythmus in *Betty und ihre Schwestern* ausführlich dargestellt wird, verfasste sie ebendieses Buch gar nicht auf ihre übliche Art. Sie war bei dem Projekt nie mit dem Herzen dabei und schrieb es nur ihrem Vater und ihrem Verleger zuliebe, die wussten, dass man mit guten Kinderbüchern Geld verdienen konnte. Alcott war mittlerweile fünfunddreißig und hatte unter dem Pseudonym A. M. Barnard bereits einen ganzen Reigen »Blut- und Donnermärchen« verfasst, wie sie es nannte: melodramatische Kurzgeschichten mit Titeln wie »The Maniac Bride« und »Pauline's Passion and Punishment«. Sie schrieb die Geschichten für Geld, arbeitete oft noch nebenher und kam außerdem noch ihren vielen häuslichen Pflichten nach. Schon lange sehnte sie sich danach, endlich zur ernsthaften Literatur zu wechseln. *Moods* war ihr Versuch eines komplexen, vielschichtigen Werks. Aber wie in fast allen Belangen beugte sich Alcott dem Wunsch ihres Vaters nach einem »Mädchenbuch«.

Trotz fehlender Motivation wurde sie mit dem Buch schnell fertig, sie schrieb die vierhundertzwei Manuskriptseiten in nur zweieinhalb Monaten. Wegen der hohen Verkaufszahlen bat ihr Verleger bald um einen zweiten Band, den Alcott noch schneller fertigstellte: Sie nahm sich vor, pro Tag ein Kapitel zu schreiben und das Buch innerhalb eines Monats zu beenden. Und das schaffte sie auch fast. »Ich stecke so tief in meinem Werk, dass ich weder Zeit zum Essen noch zum Schlafen habe, ich schaffe es höchstens ein Mal am Tag kurz nach draußen«, so Alcott.

Nach Veröffentlichung des zweiten Bands wurde *Betty und ihre Schwestern* schnell zur Literatursensation, und von da an bestimmten die »Mädchenbücher« das Leben der Autorin. Obwohl sie durch deren Erfolg letztendlich die finanzielle Unabhängigkeit erlangte, die es ihr ermöglichte, sich nur noch dem Schreiben zu widmen, beschnitten sie gleichzeitig doch auch ihre Ambitionen. Das Publikum wollte von da an immer nur noch das Gleiche von ihr, und nachdem sie so lange als völlig unbekannte Autorin vor sich hingeschrieben hatte, konnte sie dem Drang nicht widerstehen, den Wünschen der Öffentlichkeit nachzugeben. »Es macht mir keinen Spaß, ›Moralgeschichten‹ für junge Menschen zu schreiben«, gab sie in einem Brief aus dem Jahr 1878 zu. »Aber es wird nun einmal gut bezahlt.«

Mittlerweile konnte sie aufgrund einer Vielzahl gesundheitlicher Probleme jedoch nicht mehr so schnell arbeiten wie früher, in einem Brief von 1887 erzählt sie unglücklich, dass sie höchstens noch zwei Stunden pro Tag schreiben könne und dabei etwa zwanzig Seiten schaffe, manchmal mehr – ein unglaublich produktiver

Tag für die meisten Schriftstellerinnen, für Alcott jedoch Anlass zur Sorge und zu Selbstvorwürfen.

Rosa Bonheur

(1822–1899)

Bonheur war die bekannteste Malerin des 19. Jahrhunderts und berühmt für ihre Tiergemälde wie beispielsweise das monumentale *Der Pferdemarkt* von 1853. Bonheur hob sich mit ihrer Vorliebe für eine naturgetreue Wiedergabe der Anatomie ihrer Motive von ihren Zeitgenossinnen ab und wurde für ihren »männlichen« Stil gerühmt. Außerdem war sie berüchtigt dafür, Männerkleidung zu tragen, was im Frankreich des 19. Jahrhunderts nicht nur skandalös, sondern illegal war. In den 1850er-Jahren war Bonheur neben George Sand (→ Band II) eine von zwölf Frauen, die von der Pariser Polizei eine Sondergenehmigung für Transvestismus erteilt bekamen. Bonheur erhielt die Genehmigung, weil sie angab, bei der Arbeit Hosen tragen zu müssen, wenn sie beispielsweise Schlachthöfe besuchte, um eine detaillierte Kenntnis der tierischen Anatomie zu erlangen. Sie sagte:

> Ich missbillige Frauen zutiefst, die sich weigern, gewöhnliche Kleidung zu tragen, und sich als Männer ausgeben wollen […] Wenn Sie mich in solcher Kleidung sehen, dann keinesfalls, weil ich auffallen möchte wie so viele andere Frauen, sondern ausschließlich wegen meiner Arbeit. Vergessen Sie nicht, dass ich meine Tage immer wieder in Schlachthöfen verbringe. Ach! Man muss der Kunst schon sehr verfallen sein, um ein Leben zwischen Blutlachen und Metzgern zu führen.

Allerdings war es ein offenes Geheimnis, dass Bonheur auch zu Hause und im Atelier häufig Männerkleidung trug – nur hatte sie guten Grund, diesen Umstand nicht an die große Glocke zu hängen. Mit ihrer Kleiderwahl hausieren zu gehen, hätte nicht nur dem Verkauf ihrer Bilder geschadet, sondern womöglich auch dazu geführt, dass ihre lebenslangen Beziehungen zu Frauen stärker ins Visier geraten wären. Die erste dieser Frauen war Natalie Micas, Tochter einer befreundeten Familie. Die beiden lernten sich kennen, als Bonheur vierzehn und Micas zwölf war, wurden erst gute Freundinnen und schließlich ein Paar und lebten bis zu Micas' Tod im Jahre 1889 zusammen. Kurz darauf bekam Bonheur Besuch von einer jungen amerikanischen Malerin namens Anna Klumpke, die Bonheur acht Jahre später darum bat, noch einmal kommen und sie porträtieren zu dürfen. Bonheur willigte ein, und noch ehe das Gemälde vollendet war, gestand sie Klumpke ihre Liebe, die von dieser erwidert wurde. Bis zu Bonheurs Tod im darauffolgenden Jahr waren die beiden ein Paar.

Zu diesem Zeitpunkt hatte Bonheur bereits nahezu vierzig Jahre auf dem Anwesen in By bei Fontainebleau gelebt, das sie und Micas »Sphäre vollkommener Zuneigung« getauft hatten. Als Klumpke 1898 dort ankam, um Bonheur zu malen, setzte diese sie kurzerhand über ihren Tagesablauf in Kenntnis: »Ich gehe immer bei Sonnenuntergang ins Bett und stehe um fünf auf«, erzähl-

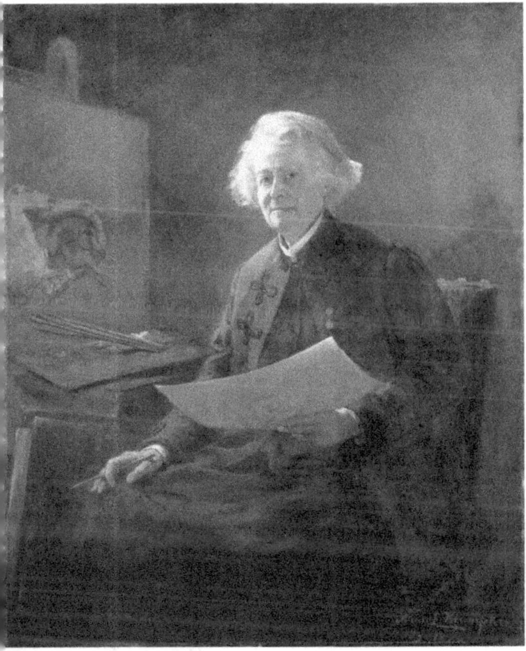

Das von Anna Klumpke angefertigte Porträt, 1898

te die berühmte Malerin. »Zwischen sieben und neun machen mein Diener und ich eine Ausfahrt mit den beiden Hunden. Dann arbeite ich bis zum Mittagessen, lese die Zeitung und mache ein Nickerchen. Nach zwei gehöre ich ganz dir.« Früher hätte sie länger gearbeitet, erzählte Bonheur der jüngeren Malerin, doch inzwischen halte sie das nicht mehr für notwendig: »Nun vertändele ich die Zeit, arbeite weniger und denke dafür mehr.«

Später erfuhr Klumpke von einem weiteren wichtigen Aspekt in Bonheurs Morgenroutine: Das Schlafzimmer der Künstlerin war voller Vogelkäfige. Dort hielt sie über sechzig Vögel »aller Arten und Farben, die von morgens bis abends Radau machten«, schrieb Klumpke. Jeden Morgen nach dem Aufstehen ging Bonheur von Käfig zu Käfig und fütterte die geliebten Tierchen. Klumpke fragte sie, ob die Vögel sie denn nicht vom Schlafen abhalten würden. »Nicht im Geringsten«, antwortete Bonheur. »Ich schlafe immer mit offenen Vorhängen, sodass die Sonne mich weckt, ehe die Vögel zu zwitschern beginnen. Ich liebe es, vom ersten Sonnenstrahl geweckt zu werden. Deshalb bin ich für jeden Morgen dankbar, an dem ich nicht von Wolken um meinen liebsten Weckruf gebracht werde.«

Doch Vögel waren nicht die einzigen Tiere in Bonheurs Obhut. Laut Klumpke hielt sie »Hunde, Pferde, Ochsen, Schafe, Ziegen, Rotwild, Rehe, Eidechsen, Mufflons, Wildschweine, Affen und die süßesten und wildesten Löwen«. Eine Löwin namens Fatima folgte Bonheur wie ein Pudel, und die zahmen Affen durften frei im Haus herumlaufen. Über ein Affenweibchen namens Ratata schrieb Bonheur: »Abends kommt sie zu mir und zerwühlt mir die Haare. Ich glaube, sie hält mich für ein altes Affenmännchen!«

Doch vor allem bot Bonheurs artenreiche Menagerie ihr unzählige Motive, ohne dass sie ihr Anwesen verlassen und sich auf Bauernhöfen, Tiermärkten, Schlachthöfen und Pferdemärkten herumtreiben musste. Um ihre Bilder auch im Freien malen zu können, ließ Bonheur sich einen ungewöhnlichen Wagen bauen, der sie vor schlechtem Wetter schützte. Ein Freund beschrieb ihn als »eine Art Hütte auf Rädern«, deren eine Seite »ganz aus Glas bestand, hinter dem Bonheur saß und vor der Kälte geschützt war«. Mit ihren Tieren, dem Malen und ihrer Liebe zu Micas und später Klumpke hatte Bonheur alles, was sie brauchte. »Ich bin eine alte Ratte«, schrieb die Malerin 1867, sieben Jahre, nachdem sie sich auf dem Anwesen niedergelassen hatte, »die schnüffelnd über Berg und Tal gehuscht ist und sich dann in ihr Loch zurückzieht – leicht wehmütig, weil sie die Welt zwar sehen kann, aber nicht mehr an ihr teilhat, und dennoch zufrieden.«

Charlotte Brontë

(1816–1855)

Brontës Kindheit war geprägt vom Tod ihrer Mutter und der beiden älteren Schwestern, und die ersten Jahre als junge Erwachsene wurden von unglücklichen Intermezzi als Lehrerin und Gouvernante getrübt. (»Mir ist bewusster denn je zuvor, dass private Gouvernanten gar nicht existieren, gar nicht als denkende Lebewesen wahrgenommen, sondern nur über ihre ermüdenden Pflichten definiert werden«, schrieb sie an ihre Schwester Emily.) Doch mit dem Tod ihrer Tante Elizabeth im Jahr 1842 erhielten Brontë und ihre beiden jüngeren Schwestern ein Erbe, das ihnen erlaubte, sich ganz dem Schreiben zu widmen – oder zumindest immer dann, wenn sie keine Haushaltspflichten in ihrem Elternhaus Haworth Parsonage übernehmen mussten. Dort verbrachten die Schwestern einen Großteil ihres Lebens und schrieben ihre Romane: Charlotte *Jane Eyre*, *Shirley* und *Villette*, Emily *Sturmhöhe* und Anne *Agnes Grey* und *Die Herrin von Wildfell Hall*.

Doch selbst als Charlotte ihren Lebensunterhalt nicht mehr selbst verdienen musste, schrieb sie nicht jeden Tag – manchmal wollte sie nicht, manchmal konnte sie nicht. Ihre Freundin und Biografin Elizabeth Gaskell berichtet:

> Manchmal verstrichen Wochen oder sogar Monate, ehe sie das Gefühl hatte, etwas zu dem bereits Geschriebenen hinzufügen zu müssen. Dann erwachte sie eines Morgens, und der Fortgang ihrer Geschichte lag klar und deutlich vor ihr. Wenn das geschah,

> war ihr einziger Gedanke, wie sie sich ihrer Haushalts- und schwesterlichen Pflichten entledigen konnte, um die Geschehnisse und Gedanken in Ruhe niederzuschreiben, die in ihrem Geist in diesen Phasen häufig präsenter waren als das Leben selbst. Doch trotz dieser »Besessenheit« (denn das war es) berichten jene, die Alltag und Haushalt mit ihr teilten und uns noch Auskunft geben können, einhellig, dass sie dennoch niemals ihre Pflichten schleifenließ oder eine Bitte um Hilfe überhörte.

Bezüglich ihrer Schreibroutine berichtet Gaskell außerdem, dass Brontë und ihre Schwestern ihre Stifte jeden Abend um 21 Uhr beiseitelegten. Dann setzten sie sich im Wohnzimmer zusammen, besprachen gemeinsam ihre Texte, liefen auf und ab, während sie die Handlung ihrer Romane zusammenfassten, und lasen ihr Geschriebenes zweimal die Woche laut vor, um Anmerkungen und Rat von den anderen Schwestern einzuholen. »Charlotte erzählte mir«, schrieb Gaskell,

»dass sie die Anmerkungen selten zum Anlass nahm, etwas an ihren Werken zu ändern, so sehr hatte sie das Gefühl in Besitz genommen, sie hätte die Realität beschrieben; und doch genossen alle das gegenseitige Vorlesen, da es ihnen die Last der täglich wiederkehrenden Pflichten von den Schultern nahm und ihren Geist befreite.«

Katherine Anne Porter

(1890–1980)

Im Laufe ihres langen Lebens veröffentlichte Porter relativ wenige Texte: siebenundzwanzig Geschichten und einen Roman, *Das Narrenschiff*, an dem sie zwanzig Jahre lang arbeitete.

Dafür hatte sie jedoch gute Gründe. Zunächst begann sie erst mit Anfang dreißig ernsthaft mit dem Schreiben, nach zwei gescheiterten Ehen – die erste mit einem gewalttätigen Ehemann – und einer Reihe »langweiliger Nebenjobs«, etwa als Schauspielerin, Sängerin, Sekretärin, Reporterin und Ghostwriterin. Außerdem starb sie 1918 beinahe an der Spanischen Grippe. Diese Erfahrung, so berichtete sie später, bildete einen Wendepunkt in ihrem Leben. »Die Grippe teilte mein Leben mit einem Schnitt in zwei«, erzählte Porter der *Paris Review* im Jahr 1963. »Alles, was davor passierte, war reine Vorbereitung, und danach war ich auf eine merkwürdige Art und Weise verändert, irgendwie bereit.«

Vier Jahre später, 1922, erschien ihre erste Kurzgeschichte, und 1930 wurde ihre erste Kurzgeschichtensammlung veröffentlicht. Da war sie vierzig Jahre alt. *Blühender Judasbaum* wurde von der Kritik gefeiert, verkaufte sich jedoch nur mäßig, was auch auf die zwei Folgebände zutreffen sollte – *Fahles Pferd und fahler Reiter* im Jahr 1939 sowie *Der schiefe Turm* im Jahr 1944. Da Porter mit ihren Büchern nicht viel verdiente, musste sie sich mit Vorträgen, bezahlten Arbeitsaufenthalten, Stipendien und anderen zeitlich begrenzten Maßnahmen über Wasser halten, was sie wiederum als Grund für ihre geringe Produktivität ansah. »Ich habe ungefähr zehn Prozent meiner Kräfte aufs Schreiben verwendet«, sagte sie. »Mit den anderen neunzig Prozent habe ich mich über Wasser gehalten.«

Außenstehende ließen diese Entschuldigung nicht immer gelten. Die Dichterin Marianne Moore bezeichnete Porter als die schlimmste Bummelantin aller Zeiten, und Truman Capotes (→ Band I) unvollendeter letzter Roman enthält eine kaum verhüllte Version Porters, Prestige »von kontrollierter und begrenzter Produktion abhing; und unter solchen Gesichtspunkten war sie ungemein erfolgreich, die Königin des Writer-in-residence-Rummels, des Literaturpreis-Klüngels, der Sonderhonorar-Mafia, des Stipendien-für-notleidende-Künstler-Filzes«.

Ja, Porter ließ sich gerne ablenken, insbesondere mit zwischenmenschlichen Beziehungen. Kurz vor ihrem vierzigsten Geburtstag vertraute sie einer Bekannten an, sie habe vier Ehemänner und siebenunddreißig Liebhaber gehabt, und die Zahl der Liebhaber stieg bis zu ihrem Tod noch stetig an; laut der Biografin Joan Givner »widerstand [Porter] niemals der Verlockung, ihre Arbeit beiseitezulegen und sich Hals über Kopf in die nächste Affäre zu stürzen«. Porter verteidigte sich mit dem Argument, sie brauche längere Auszeiten vom Schreiben, wenn sie etwas Anständiges zu

Papier bringen wolle. »Im Grunde geht mir das Schreiben ziemlich schnell von der Hand«, erzählte sie einem Reporter im Jahr 1969. »Ich schreibe im Höchsttempo, aber dazwischen liegen lange Pausen, weil sich alles nur langsam herausbildet und ich erst schreibe, wenn es wirklich so weit ist.«

Mit ihren Kurzgeschichten, die sie meistens in angemieteten Zimmern schrieb, wo sie ungestört arbeiten konnte, klappte das auch gut. Bei Romanen funktionierte dieses System jedoch nicht, was auch die zwanzig Jahre erklärt, die sie zur Fertigstellung von *Das Narrenschiff* brauchte. Porter vollendete das Buch, indem sie einen dreijährigen Mietvertrag für ein abgelegenes Häuschen in Connecticut unterschrieb, wo sie mit für sie ungewöhnlicher Disziplin arbeitete. Im *Paris Review* berichtete sie:

> Ich saß da oben fast drei Jahre auf dem Land und arbeitete jeden Tag drei bis fünf Stunden an meinem Buch. Oft saß ich einfach nur da und überlegte, was als Nächstes passiert, da das Buch doch ziem-

> lich unübersichtlich ist und eine ganze Menge Figuren hat […]. Aber ich widmete mich ausschließlich der Arbeit: kein Telefon, kein Besuch, ich lebte wie die reinste Einsiedlerin. Hätte nur noch gefehlt, dass mir jemand Essen durch eine Klappe schiebt. Aber wie Yeats [→ Band I] schon sagte, es ist eben eine einsame, »ortsgebundene Tätigkeit«. Ich arbeitete viel im Garten, kochte und hörte Musik, und gelesen habe ich natürlich auch. Ich war wirklich glücklich. Ich kann monatelang so für mich leben, und es tut mir gut, weil ich währenddessen arbeite. Ich stehe morgens in aller Frühe auf, manchmal schon um fünf, trinke einen schwarzen Kaffee und mache mich an die Arbeit.

Sosehr Porter die einsame Schreibklause auch schätzte, als Langzeitlösung kam sie nicht infrage. Ihre Texte entsprangen dem Leben, und von Schriftstellern, die sich komplett isolierten, hielt sie nichts. »Die Entfremdung von der Gesellschaft kommt dem Tod gleich«, sagte sie 1961. »Man kann ja gern in der Dachkammer hausen und sich lediglich an seiner eigenen Gesellschaft erfreuen, aber davor muss man zuerst einmal ein Mensch sein.«

Tamara de Lempicka

(1898–1980)

Die polnisch-russische Adlige floh im Sommer 1918 mit ihrem Mann Tadeusz und ihrer kleinen Tochter Kizette vor der Russischen Revolution aus St. Petersburg nach Paris. Die Fallhöhe war groß: In Russland hatte das junge Paar durch den Reichtum ihrer Eltern in komfortablen Verhältnissen gelebt, in Paris hingegen bewohnte die Familie anfangs ein kleines Hotelzimmer mit lediglich einem Bett, einer Wiege und einer Waschschüssel. »Das arme Baby, unser Essen, einfach alles [wurde] in dieser Schüssel gewaschen«, erinnerte sich Lempicka später. Tadeusz reagierte mit Wut und Verbitterung auf den sozialen Abstieg, weigerte sich, einen niederen Posten als Bankangestellter anzunehmen, trank zu viel und

**»Es gibt
nur das,
was du
machst.«**

fing Streit mit seiner Frau an, der nicht selten in Handgreiflichkeiten endete. Lempickas Reaktion war das genaue Gegenteil: Nach einer kurzen Phase der Depression beschloss sie, nicht nur die Lebensumstände ihrer Familie zu verbessern, sondern Paris auf ihre eigene Art und Weise zu erobern.

Sie hatte schon früh künstlerisches Talent gezeigt, hatte in Russland und im Ausland studiert und wollte nun ihr Studium wieder aufnehmen. Ende 1919 hatte sie sich in einer privaten Kunsthochschule eingeschrieben und verbrachte fortan dort den Großteil ihrer Zeit. Nach dem Unterricht ging sie in den Louvre und zeichnete die Meisterwerke ab. Sie plante ihren Tag so, dass sie morgens noch mit ihrer Tochter frühstücken und sie abends ins Bett bringen konnte. Die restliche Zeit kümmerten sich ihr Mann oder ihre Mutter, die in der Nähe wohnte, um Kizette. »Im Herbst 1922«, schreibt ihre Biografin Laura Claridge, »versuchte Tamara, gleichzeitig Studentin, Malerin, Ehefrau, Mutter, Brotverdienerin und Freigeist zu sein.« Einige Jahre nach ihrem Abschluss stellte Lempicka ihre Werke bereits aus und verkaufte sie für immer höhere Summen. Der Malstil, den sie entwickelte, fügte sich perfekt in ihre Zeit ein – eine Kombination aus »weichem Kubismus«, neoklassizistischer Porträtmalerei und der Eleganz des Jugendstils, die sich insbesondere für glamouröse Aktgemälde eignete.

Was das Leben als Freigeist anging, das Claridge erwähnte, so spielte es sich vor allem ab, nachdem Lempicka ihre Tochter ins Bett gebracht hatte. Sie ging häufig ins Kabarett oder in die Oper und erkundete danach die zwielichtigeren Seiten des Pariser Nachtlebens, wie zum Beispiel die dekadenten Schwulenbars, wo ausschweifend getanzt und getrunken und reichlich Drogen konsumiert wurden. Lempicka löste Haschischkügelchen in Schlehengin-Fizz auf oder – fast noch lieber – schnupfte von einem winzigen silbernen Teelöffel Kokain. Viele Abende endeten in den Vierteln am Rive Gauche, die berüchtigt für ihre schäbigen Kneipen waren, in denen Seemänner, Studenten und andere nach zwanglosen Sexualkontakten suchten – die Droge, die Lempicka am verführerischsten fand. (»Eine Künstlerin hat die Pflicht, alles auszuprobieren«, war ihre Meinung.) Zu

Hause angekommen, machte sie sich dann, hellwach von der sexuellen und chemischen Stimulation, ans Werk und malte oft stundenlang. Um schlafen zu können, nahm sie schließlich Baldrian. Selbst wenn sie nur ein paar Stunden Schlaf bekam, stand sie dennoch immer rechtzeitig zum Frühstück mit Kizette auf. Etwa zu dieser Zeit entwickelte sie ihr Lebensmotto: »Es gibt keine Wunder. Es gibt nur das, was du machst.«

Käthe Kollwitz

(1867–1945)

Kollwitz studierte Kunst, erst in ihrer Geburtsstadt Königsberg, später auch in Berlin und München. Ihre Verlobung mit einem Medizinstudenten im Jahr 1889 war ein kleiner Skandal unter ihren Kommilitoninnen an der Münchner Damenakademie, unter denen die Meinung verbreitet war, Kunst und Hochzeit seien nicht vereinbar. Doch Kollwitz glaubte, sie könne die Rollen der Künstlerin und Ehefrau sehr wohl in Einklang bringen, oder vielleicht hoffte sie es auch nur. Sie schrieb in ihrem Tagebuch von ihren widersprüchlichen Gefühlen dazu, dass sie letztendlich jedoch ihrem Impuls gefolgt und sozusagen einfach ins kalte Wasser gesprungen sei, in der Hoffnung, sie werde die Herausforderung schon meistern.

Kurz nach der Hochzeit zog das Paar in den Berliner Stadtteil Prenzlauer Berg, damals ein reiner Arbeiterbezirk, wo Kollwitz' Ehemann seine Praxis im ersten Stock eines Eckhauses eröffnete. Ihr Atelier war nebenan. Da sie wusste, dass sie sich nie eine Wohnung mit einem richtigen Malatelier würden leisten können, verabschiedete sich Kollwitz von ihrem lang gehegten Traum, Malerin zu werden, und blieb bei den kleinformatigen Zeichnungen und Radierungen, auf die sie sich bisher konzentriert hatte. Schon bald wurde sie, offenbar ungewollt, schwanger mit dem ersten von zwei Söhnen. Sobald sie es sich leisten konnten, stellten sie eine Haushaltshilfe an, die bei ihnen wohnte und ihnen den Großteil an Haushalt und Kindererziehung abnahm – damals in Deutschland auch bei Familien der Mittelklasse durchaus üblich. Für Kollwitz war dieses

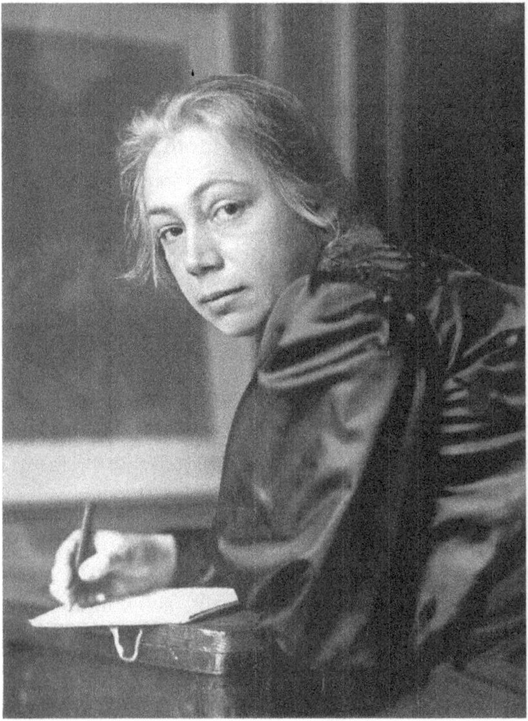

Käthe Kollwitz bei der Arbeit, circa 1906

Arrangement entscheidend, da sie trotz der wachsenden Familie weiterarbeiten konnte. Ihre Biografin Martha Kearns schrieb darüber Folgendes:

> Sie hatte wie in Studienzeiten einen strikten Tagesablauf und arbeitete von frühmorgens bis nachmittags. Sie zeichnete und überarbeitete ihre Radierungen. Da sie sich nur bei absoluter Ruhe konzentrieren konnte, forderte sie diese während der Arbeit von ihrer Familie ein, wofür sie gelegentlich als Tyrannin bezeichnet wurde. Doch Stille war rar, da die meisten Patienten [ihres Mannes], die nebenan warteten, Babys, Kinder und Mütter aus der Arbeiterklasse waren – in Käthes Augen die schönsten Zeichenmotive. Also ging sie, wenn sie wie so oft nicht in Ruhe arbeiten konnte, nach nebenan und zeichnete die armen Frauen, die vor der Praxis ihres Mannes warteten.

In den späten 1890ern hatten ihre ausdrucksstarken Zeichnungen von Frauen und Kindern der

Arbeiterklasse Kollwitz bereits zu einer der bekanntesten Künstlerinnen in ganz Deutschland gemacht, deren Arbeiten in Berlin und Dresden im Rahmen großer Ausstellungen gezeigt wurden. Ihrem Sohn Hans zufolge wechselten sich dennoch immer wieder lange depressive Phasen, in denen sie nicht arbeiten konnte, mit viel kürzeren Phasen ab, in denen sie Fortschritte machte. Sie habe mehrmals versucht, den Rhythmus nachzuvollziehen, in denen die jeweiligen Phasen auftraten, um beim nächsten Mal vorbereitet zu sein. Dies habe ihr jedoch nicht geholfen, sie habe stets nur auf einen erneuten Energieschub warten können. Das Älterwerden half offensichtlich, zumindest wurden die unproduktiven Phasen mit den Jahren kürzer. »Nie scheint der Tod näher oder weniger willkommen, als wenn ich an etwas arbeite, das mir wichtig ist«, schrieb Kollwitz kurz vor ihrem sechzigsten Geburtstag an eine alte Schulfreundin. »Dann bin ich sehr geizig mit meiner Zeit. Aber wenn ich nicht arbeiten kann, bin ich faul und verschwende meine Zeit. Also wünsch mir ein langes Leben, damit ich fertig werde!«

Barbara Hepworth

(1903–1975)

»Im Grunde bin ich eine Schnitzerin, und seit ich denken kann, fasziniert mich die Beschaffenheit von Stein und Holz und Marmor«, sagte die abstrakte Bildhauerin aus England 1961.

Hepworths Arbeitsprozess fing mit dem Rohmaterial an, das sie bearbeitete, und die Ideen für ihre Skulpturen kamen ihr, indem sie sich selbst zu dem »Leben« in einem Stück Holz oder Stein in Beziehung setzte. Bevor sie zum Meißel griff, visualisierte sie die fertige Arbeit. »Man macht eine Phase des Brütens durch«, erklärte sie 1967. »Und dann blitzt die fertige Arbeit ganz plötzlich vor dem inneren Auge auf.« Hepworth betrachtete ihren künstlerischen Prozess nicht als etwas Magisches oder Mysteriöses. »Ich habe meinen Beruf immer als ganz normale tägliche Arbeit betrachtet«, sagte sie, fügte jedoch hinzu, die abstrakte Bildhauerei sei besonders »emotional zehrend«.

Für gewöhnlich arbeitete Hepworth acht Stunden am Tag, befand jedoch, dass das Ergebnis umso besser wurde, je länger sie arbeitete. »Um wirklich voranzukommen, muss man viele Stunden am Stück arbeiten können«, erzählte sie einem Interviewer, der sie in ihrem Atelier besuchte. »Ein Steinblock wie dieser hier wird nicht sehr anders aussehen, bis man ihn viele Stunden lang bearbeitet hat. Ich fange gegen acht Uhr morgens an und bleibe dann bis etwa sechs Uhr abends dabei.«

Dies sagte sie 1962, als sie neunundfünfzig war und ihre vier Kinder bereits erwachsen. Während sie die Kinder großzog, konnte sie derartig strenge Arbeitszeiten nicht einhalten. »Ich musste mich sehr am Riemen reißen, um jeden Tag zumindest ein wenig zu arbeiten, auch wenn es nur zehn Minuten waren«, berichtete sie über diese Zeit.

> Es ist so leicht zu sagen, »Heute ist ein schlechter Tag, die Kinder sind krank, und die Küche müsste mal wieder geputzt werden … aber vielleicht ist es morgen besser«. Und dann sagt man sich, dass es nächste Woche vielleicht noch besser geht,

> oder wenn die Kinder größer sind. Und dann verliert man die eigene Entwicklung aus den Augen. Ich denke, dass sich Ideen auch hinter den Kulissen entwickeln können, wenn man eng mit dem verbunden bleibt, woran man gerade arbeitet, selbst wenn man ständig unterbrochen wird. Im Grunde entwickelt man sich dadurch sogar schneller. Man schafft vielleicht weniger Skulpturen, doch sie sind dafür genau so ausgereift, als würde man ständig daran arbeiten.

Hepworth bestand darauf, dass es sie als Künstlerin nicht eingeschränkt habe, Kinder zu bekommen, und verspürte keinen Unmut darüber, dass sie sie zeitlich in Beschlag nahmen. (Hepworths erster und zweiter Ehemann waren allerdings ebenfalls Künstler mit flexiblen Arbeitszeiten, was vermutlich half, die Kinder großzuziehen.) »Unser Leben drehte sich um die Arbeit, und die Kinder waren eben auch dabei, mitten im Staub und im Dreck und der Farbe und allem Drum und Dran«, sagte Hepworth. »Sie waren einfach ein Teil davon.«

Von 1939 bis zum Ende ihres Lebens lebte und arbeitete Hepworth in St. Ives, Cornwall, nahe der südwestlichen Spitze Englands, und sooft das Wetter es erlaubte, arbeitete sie unter freiem Himmel, was die meiste Zeit des Jahres möglich war. »Licht und Raum sind im gleichen Maße die Arbeitsmaterialien eines Bildhauers, wie es Holz oder Stein sind«, sagte sie. Gewöhnlich arbeitete sie gleichzeitig an mehreren Skulpturen, und im höheren Alter stellte sie einige Assistenten ein, um ihr mit der Arbeit zu helfen. Bis zu ihrem Tod durch einen Brand in ihrem Atelier arbeitete sie jeden Tag.

Sie verglich die Bildhauerei einmal mit Pokern: »Ich spiele natürlich keine Karten, aber ich gehe bei meiner Arbeit trotzdem furchtbare Risiken ein«, sagte sie. »Man muss auf sein Bauchgefühl setzen. Man muss Leidenschaft haben, besessen sein. Meine Einstellung ist, das Blatt voll auszureizen. Nichts anderes zählt, nur der nächste Job.«

Margaret Mitchell

(1900–1949)

Mitchell begann ihren ersten Roman *Vom Winde verweht* etwa 1928, übergab ihn aber erst 1935 an einen Verleger. Bevor sie sich der Fiktion zuwandte, hatte sie bereits erfolgreich als Journalistin gearbeitet, das Schreiben von Romanen empfand sie jedoch als besonders schwierig. »Weder fällt mir das Schreiben leicht, noch bin ich jemals zufrieden mit dem Geschriebenen«, so lautet eine Zeile aus einem ihrer Briefe, und einem Interviewer vertraute sie an: »Das Schreiben ist für mich harte Arbeit. Abend für Abend habe ich geschuftet und nicht mehr als zwei Seiten zustande gebracht. Und am nächsten Morgen habe ich dann gekürzt und gestrichen, bis nurmehr sechs Zeilen übrig waren. Danach musste ich dann von vorne anfangen.« Mit wenigen Ausnahmen habe sie wohl jedes Kapitel aus *Vom Winde verweht* »mindestens zwanzigmal« überarbeitet.

Mitchell schrieb im Wohnzimmer und trug dabei eine Kopfbedeckung mit grünem Schirm und Männerhosen, um die Bedingungen in der Nachrichtenredaktion nachzustellen, die sich am Anfang ihrer Karriere als so förderlich erwiesen hatten. Beim Schreiben spürte sie »etwas Seltsames, etwas Waghalsiges und Verzweifeltes«. Sie schrieb nicht jeden Tag und auch nicht nach einem strengen Zeitplan, sondern nahm sich wochen- oder monatelange Auszeiten von ihrem Buch, häufig aufgrund verschiedener Leiden und Unpässlichkeiten (von denen einige sicher eher psychischer Natur waren – Mitchell war eine hingebungsvolle Hypochonderin). Ihre Arbeit hielt Mitchell strikt unter Verschluss. »Ich bat nicht nur niemanden um Hilfe, sondern weigerte mich regelrecht, selbst gute Freunde auch nur eine Zeile lesen zu lassen«, sagte sie 1936. Viele ihrer Freunde hatten bis kurz vor der Fertigstellung noch nichts von ihrem Buch gehört, und dessen Inhalt erfuhren sie erst nach der Veröffentlichung. Bei einem unangekündigten Besuch soll Mitchell einmal aufgesprungen sein und ein Handtuch über Tisch und Schreibmaschine geworfen haben.

Und selbst nachdem *Vom Winde verweht* zum Filmklassiker geworden war, sich millionenfach verkauft und den Pulitzer-Preis gewonnen hatte, war Mitchell nie versucht, einen weiteren Roman zu schreiben. Eisern erklärte sie: »Um nichts in der Welt würde ich das noch einmal durchmachen.«

Penelope Fitzgerald

(1916–2000)

In den 1980ern gab Fitzgerald der Schwester ihres Schwiegersohns, die sich als Dichterin versuchte und gleichzeitig eine Autorenkolonie im englischen West Yorkshire verwaltete, einen Ratschlag bezüglich des Schreibens: »Ich hoffe, du wirst absolut skrupellos sein«, schrieb Fitzgerald ihr, »sichere dir die beste Schreibmaschine, vernachlässige alle deine Freunde, die zu Besuch kommen, die Hennen und die Kursteilnehmer, stell das Schreiben immer über sie alle, sonst ist es schier unmöglich, etwas zu Papier zu bringen.«

Fitzgerald konnte selbst ein Lied davon singen. In Oxford war sie während der 1930er eine herausragende Studentin gewesen, der eine steile Autorinnenkarriere vorausgesagt wurde. Ihr erstes Buch, eine Biografie, veröffentlichte sie jedoch erst mit achtundfünfzig Jahren. In den zwanzig Jahren danach folgten immerhin neun weitere Romane und zwei Biografien, und mit ihrem letzten Buch, *Die blaue Blume*, brachte es die achtzigjährige Fitzgerald sogar noch entgegen aller Wahrscheinlichkeit zu spätem literarischem Ruhm.

Doch die Zeitspanne zwischen Oxford und ihrem ersten Buch war eine lange Reihe familiärer Krisen, finanzieller Sorgen und Schinderei, und über weite Strecken schien Fitzgerald sich bereits damit abgefunden zu haben, ihren Ambitionen niemals wirklich nachgehen zu können. »Ich betrachte die Kunst als das Wichtigste überhaupt, will jedoch nicht bereuen, ihr nicht mein Leben gewidmet zu haben«, notierte sie sich 1969.

Ihre Karriere hatte zunächst vielversprechend begonnen. Nach ihrem Abschluss fand sie Arbeit als Film- und Buchrezensentin, als Drehbuchautorin für die BBC und gab gemeinsam mit ihrem Mann das monatliche Kulturmagazin *World Review* heraus. Doch die *Review* ging pleite, und die Bemühungen ihres Mannes, seine aufgeschobene Karriere als Anwalt neu anzukurbeln, liefen ins Leere. Währenddessen fing er an zu trinken. Die Fitzgeralds hatten mittlerweile drei kleine Kinder, lebten über ihre Verhältnisse und drohten in die Armut abzurutschen. 1960 bezogen sie ein klappriges Hausboot auf der Themse, das billigste Dach über dem Kopf in London, doch es stellte sich als kaum bewohnbar heraus – der Kahn war feucht und zugig, bei Flut trat Wasser ein, bei Ebbe stand er uneben im Schlamm, sodass das Zuhause der Familie in Schräglage geriet. Am Ende sank das Boot und mit ihm auch fast der gesamte Besitz der Familie.

Im selben Jahr, als sie das Hausboot bezogen, begann Fitzgerald, als Lehrerin zu arbeiten. Das tat sie sechsundzwanzig Jahre lang, bis zu ihrem siebzigsten Lebensjahr. Das Unterrichten war die logische Wahl für eine Frau mittleren Alters mit einer guten Ausbildung und wenig anderen Optionen, doch es machte ihr keinen Spaß. »Wenn stapelweise verhauene Klausuren vor mir liegen, komme ich mir vor, als würde ich mein Leben vergeuden, doch nun ist es zu spät, sich darüber den Kopf zu zerbrechen«, schrieb sie damals in einem Brief.

Tatsächlich war sie wohl nicht ganz so verzweifelt, wie der Brief klingt, oder zumindest nicht immer. Nach den ersten Jahren im neuen Beruf fing Fitzgerald an, kurze Passagen zu schreiben, sie machte sich auf der Rückseite von Hausarbeiten Notizen und heftete erste Entwürfe mit den Prüfungen ihrer Schüler ab. Sie arbeitete in jeder freien Minute, so auch »wenn ich Freistunden hatte in dem kleinen, lauten Lehrerzimmer, in dem Erschöpfung, Sorgen und Vorwürfe in der Luft lagen«. Doch erst 1971 gelang es Fitzgerald, ihre Karriere als Schriftstellerin wieder aufzunehmen – oder vielmehr zu beginnen. Sie war vierundfünfzig, ihr jüngstes Kind war kurz davor, zu Hause auszuziehen. Ihre stürmische Ehe hatte sich mittlerweile zu freundschaftlicher Kameradschaft gewandelt. Zum ersten Mal seit mehreren Jahrzehnten hatte Fitzgerald die Zeit und den mentalen Raum zum Schreiben. Sie fing an, abends nach der Arbeit Recherchen für ihr erstes Buch zu betreiben, eine Biografie des viktorianischen Malers Edward Burne-Jones, wobei sie sich selbst vorwarf, dass ihr die Kraft dazu fehle. »Ich ärgere mich sehr über mich selbst, da es mir nicht gelingt, am Abend noch mehr zu tun«, schrieb sie ihrer Tochter Maria 1973. »Ich sollte wirklich länger durchhalten. Schließlich gehe ich so gut wie nie aus, ich sollte also mehr schaffen. Man muss seine Existenz rechtfertigen.«

Sie brauchte vier Jahre, um die Biografie zu beenden, löste damit jedoch einen schon längst überfälligen Schreibfluss aus. In den nächsten fünf Jahren veröffentlichte sie sechs weitere Bücher, darunter eine Serie kurzer Romane, die sich mit den Herausforderungen des mittleren Alters auseinandersetzten. (Ihr Roman *Ein Hausboot auf der Themse*, für den sie mit dem Booker Prize ausgezeichnet wurde, zeichnet als fiktive Geschichte ihre Jahre auf dem unglückseligen Hausboot nach.) Sie hinterfragte zwar immer noch, ob es ihr gelungen war, ihr volles Potenzial zu entfalten, wusste aber zumindest, dass sie ihre eigenen Sujets als Schriftstellerin gefunden hatte. »Ich bin meinen tiefsten Überzeugungen treu geblieben«, sagte Fitzgerald 1998. »Ich habe stets an den Mut derer geglaubt, die eigentlich als Verlierer geboren wurden, an die Stärke der Schwachen und an die Tragik von Missverständnissen und vertanen Gelegenheiten. Und ich habe mir große Mühe gegeben, die Komik in alldem zu sehen, denn wie sollte man das sonst alles ertragen?«

Birgit Nilsson

(1918–2005)

Nilsson war eine der größten Opernsängerinnen ihrer Zeit, gefeiert für ihre volle Sopranstimme und ihre wegweisenden Interpretationen der Opern von Strauss (→ Band I) und vor allem Wagner (→ Band II).

Sie wuchs als Tochter eines Landwirts in Südschweden auf, wo sie vom örtlichen Chorleiter zum Singen ermutigt wurde. Nach einem Studium an der Königlich Schwedischen Musikakademie in Stockholm erlangte Nilsson allmählich internationale Bekanntheit. Von den späten Fünfzigerjahren bis zu ihrem Abschied aus der Musikszene war sie durchgängig gefragt.

Wollte man von Nilsson wissen, wie sie ihr »Instrument« über einen so langen Zeitraum in Schuss halte, so winkte sie ab. »Ich mache nichts Besonderes«, sagte sie. »Ich rauche nicht, trinke Wein und Bier in Maßen und hatte die richtigen Eltern.« Und als man sie einmal nach dem kreativen Geheimnis ihres Erfolgs als Wagners Isolde fragte, lautete ihre prompte Antwort: »Bequeme Schuhe.«

Viel mehr noch konnte sich Nilsson jedoch auf ihre Disziplin verlassen, die sie für Sängerinnen und Sänger als besonders wichtig erachtete. »Schriftsteller und Maler können arbeiten, sobald sie inspiriert sind«, erklärte sie.

> Als Sängerin hat man nicht so viel Glück: Möglicherweise wacht man morgens mit Kopfschmerzen auf und fühlt sich nicht wohl. Dann wird man nervös, und alles läuft schief. Aber bis zur Aufführung am Abend muss man natürlich wieder voll auf

der Höhe sein. Das kann sehr an den Nerven zehren. Je stärker die Verantwortung auf einem lastet, desto nervöser und launischer wird man. An solchen Tagen gehe ich besonders früh in die Oper, um dort ganz in Ruhe an mir zu arbeiten. In den meisten Fällen sind diese Probleme zum Glück vergessen, sobald ich auf der Bühne stehe. Man kann das vielleicht mit dem Kinderkriegen vergleichen – wenn man das Kind erst im Arm hat, vergisst man sofort die Schmerzen der Geburt.

Über Jahre hinweg trat Nilsson beinahe ununterbrochen auf, reiste von einem Engagement zum nächsten und lebte monatelang in Hotels. Sie machte nie Urlaub, denn »wenn man zu lange pausiert, ist es sehr schwer, die Stimme wieder in Höchstform zu bringen«. Und obwohl sie und ihr Mann, ein schwedischer Tierarzt und Geschäftsmann, Wohnungen in Stockholm und Paris besaßen, empfand sie die beiden Städte nicht als Zuhause – wie auch sonst keinen Ort: »Ich kann nicht gleichzeitig Künstlerin sein und ein Zuhause haben«, sagte sie einmal. »Von einem der beiden Dinge muss man sich verabschieden. Und ich habe mich von der Idee eines Zuhauses verabschiedet. Dafür liebe ich meinen Beruf zu sehr, und mein Mann versteht das glücklicherweise gut.« Trotz ihres Ruhms spielte Nilsson abseits der Bühne nie die Rolle der Diva. »Ich mag den Ausdruck ›Primadonna‹ nicht«, sagte sie. »Ich sehe mich eher als arbeitende Sopranistin.«

Ihre Rituale vor und während einer Aufführung waren entsprechend schlicht: Kurz bevor sie die Bühne betrat, sang sie sich noch einmal vier oder fünf Minuten mit ein paar schnellen, von Zuhörern als »auf perfekte Weise entsetzlich« bezeichneten Aufwärmübungen ein. In der Pause lutschte sie an einer Orange, und nach der Vorstellung ließ sie sich ein Glas Bier und einen Aquavit bringen sowie einen sauren Hering aus ihrem persönlichen Vorrat, den sie immer mit sich führte.

Joan Mitchell

(1925–1992)

Die US-amerikanische Malerin Mitchell besaß das außergewöhnliche Talent, Landschaften durch abstrakte Kompositionen heraufzubeschwören. »Man hat das Gefühl, ihre Bilder zeigen einen Ort, doch man weiß nicht, welchen«, bemerkte der Dichter John Ashbery. Dabei arbeitete sie meistens nachts unter künstlichem Licht. In den 1950ern lebte sie in einer Ein-Zimmer-Wohnung im New Yorker East Village, stand in der Regel erst am späten Nachmittag auf und begann bei Sonnenuntergang mit der Arbeit. Sie bereitete sich darauf vor, indem sie eine Platte auflegte, meistens Jazz oder Klassik, und die Musik laut aufdrehte. Dadurch könne sie besser in Kontakt mit ihrem Inneren treten, so Mitchell, und es signalisierte der Außenwelt, dass sie »in den Malmodus geschaltet hatte und nicht gestört werden durfte«, erinnerte sich eine ehemalige Nachbarin.

Zu diesem Zeitpunkt hatte Mitchell bereits mehrere Drinks intus; in der Regel fing sie um 17 Uhr mit dem Trinken an und nahm einen stetigen Fluss aus Bier, Scotch, Bourbon, Gin oder Chablis zu sich – in dieser Hinsicht war sie nicht sonderlich wählerisch. Dabei war sie sich des Klischees der besoffenen Maler des abstrakten Expressionismus, die wahllos Farbe auf die Leinwand klatschten, durchaus bewusst. Laut der Biografin Patricia Albers »nahm sie bei mindestens einer Gelegenheit einer jüngeren Kollegin das Versprechen ab, keiner Menschenseele zu erzählen, dass sie und ihre Kollegen in ihrem Atelier tranken«. Die Wahrheit war leider weit davon entfernt. Einmal gestand Mitchell einer Freundin, dass sie »nicht malen [konnte], wenn sie nicht trank«.

Mitchell malte stoßweise, führte mehrere entschlossene Pinselstriche aus, ging dann ans andere Ende des Ateliers und betrachtete ihr Werk, legte eine neue Platte auf, betrachtete die Leinwand noch eine Weile und ging schließlich wieder darauf zu, um weitere Pinselstriche auszuführen – oder auch nicht. Sie machte nur langsam Fortschritte und arbeitete mitunter mehrere Monate an einem einzigen Bild. »Von wegen ›Action Painting‹«, meinte Mitchell 1991. »Hier passiert so gut wie nichts. Ich male ein bisschen, dann setze ich mich hin und schaue mir das Bild an, manchmal stundenlang. Irgendwann teilt mir das Bild dann mit, was ich machen soll.« Nachdem ihr 1959 der Mietvertrag für die Wohnung im East Village gekündigt wurde, zog sie mit ihrem Partner Jean-Paul Riopelle, einem kanadischstämmigen Maler, nach Paris. Dort ließen sie sich für mehrere Jahre nieder, bis Mitchell sich 1967 von einer bescheidenen Erbschaft ihres Großvaters ein Landhaus in Vétheuil kaufte, einem fünfundfünfzig Kilometer von Paris gelegenen Dorf. (Claude Monet lebte dort in den 1870ern, doch davon wollte Mitchell nichts hören.) 1968 zog sie mit Riopelle und ihren fünf Hunden dort ein.

»Wie sieht denn Ihr Arbeitsalltag so aus, Joan?«, wurde sie einmal von einem Kritiker gefragt, der sie dort besuchte. »Stehen Sie frühmorgens auf?« »Nicht immer«, erwiderte Mitchell lachend. Dann fuhr sie fort:

> Mittagessen um eins, entweder mit Hollis [ihrer Assistentin] oder allein. Nachmittags löse ich Kreuzworträtsel oder höre Psychosendungen im Radio. Da rufen die Leute mit ihren Problemen an, und man fühlt sich gleich besser, weil man selbst nicht solche Probleme hat. Im Winter wird es hier um halb fünf dunkel, dann muss ich die Hunde füttern, weil ich sonst im Zwinger nichts mehr sehen kann. Zwischen halb acht und neun kommt Jean-Paul zum Abendessen nach Hause. Wir essen. Schauen fern. Dann male ich manchmal. Oder ich schaue gar nicht erst fern, sondern male direkt. Von zehn bis vier male ich. So ungefähr. Außer wenn es mir schlecht geht.

Wenn es ihr schlecht gehe, fuhr Mitchell fort, spüre sie rein gar nichts, und »alles ist farblos. Ich kämpfe dagegen an. Es ist nicht etwas, das kommt und geht, ich habe eher das Gefühl, es ist meine Grundeinstellung. Ich versuche aber, mich nicht allzu viel damit zu beschäftigen. Ich höre Musik, bewege mich viel, spaziere in die Stadt. Wenn ich mich in die Arbeit stürze, dann ist dieses Gefühl nicht da. Nur dann geht es mir richtig gut. Wenn ich arbeite, denke ich nicht über mich selbst nach.«

1981 trennte sie sich von Riopelle und wohnte fortan allein in Vétheuil, wobei sie immer noch ihre Hunde sowie einen nicht endenden Strom aus Besuchern und Freunden um sich hatte. Mitchell war für ihre Kratzbürstigkeit bekannt, hatte jedoch gerne Gäste und hielt fast jeden Abend lange, alkoholgetränkte Dinnerpartys ab. Anschließend machte sie den Abwasch und ging – oder vielmehr torkelte – in ihr Atelier direkt hinter dem Haus, wobei sie laut Albers »eine Tasche mit dem hinter sich herzerrte, was sie fürs Überleben brauchte – eine Flasche Johnnie Walker, zwei, drei Gedichtbände und vielleicht noch ein paar Briefe«.

Das Atelier war ihr Rückzugsort. Sie schloss es stets sorgfältig ab und schlief mit dem Schlüssel unter dem Kopfkissen. (Als die Toilette dort defekt war, schob sie die Reparatur lange vor sich her, weil sie den Gedanken an einen Klempner in ihrem Atelier nicht ertragen konnte.) Es fühlte sich an, so eine Freundin, »wie ein Ort, an dem ein Tier Schutz sucht«. Dabei war es womöglich genau das Gegenteil – der Ort, an dem eine zähe, kampflustige Künstlerin sich angreifbar machte und Risiken einging. »Niemand kann malen, schreiben, fühlen, egal was, ohne dabei verletzlich zu sein«, erklärte sie einmal. »Es braucht Stärke, verletzlich sein zu können.«

Niki de Saint Phalle

(1930–2002)

Im Frühjahr 1959 unternahmen Saint Phalle, ihr Mann und ihre beiden Kinder gemeinsam mit der Malerin Joan Mitchell (→ S. 236) und deren Partner Jean-Paul Riopelle eine einwöchige Reise. Die beiden Paare hatten sich in Paris angefreundet, wo sie lebten und arbeiteten. Die damals achtundzwanzigjährige Saint Phalle malte und kümmerte sich um die Kinder, ihr Mann, der Schriftsteller Harry Mathews, arbeitete an seinem ersten Roman, und Mitchell und Riopelle waren bekannte Künstler. Während dieser Reise wandte sich Mitchell eines Abends beim Essen an Saint Phalle und sagte: »Du bist also eine dieser Schriftstellerfrauen, die nebenbei malen.« Diese Bemerkung, schrieb Saint Phalle Jahre später, »traf mich bis ins Mark. Es war, als hätte sich ein Pfeil in meine Seele gebohrt.«

Wenn sie als Künstlerin ernst genommen werden wollte, beschloss Saint Phalle zurück in Paris, müsste sie sich ganz ihrer Karriere verschreiben. Nach ihrer Hochzeit mit Mathews im Alter von achtzehn Jahren hatte sie als Model gearbeitet, eine Schauspielschule besucht, einen Nervenzusammenbruch erlitten und ihr Talent und ihre Leidenschaft für die Kunst entdeckt. Doch sie hatte nie die Gelegenheit, ihre gesamte Energie und Aufmerksamkeit einer Sache zu widmen. Im Jahre 1960, noch immer gekränkt von Mitchells Kommentar, verließ sie ihren Mann und die beiden Kinder, neun und fünf, um ihr »künstlerisches Abenteuer ohne die vollkommene Ausgeglichenheit, die [sie] zwischen meiner Arbeit, Harry und den Kindern fand, voll und

»Das Wichtigste ist die totale Besessenheit.«

ganz auszuleben«. Den Vorsatz, allein zu bleiben, gab sie schon bald zugunsten einer Beziehung mit dem Schweizer Künstler Jean Tinguely auf, mit dem sie bis zu dessen Tod im Jahr 1991 verheiratet war. Die größte Hingabe galt jedoch stets ihrer Arbeit. »Mein eifersüchtiger heimlicher Geliebter (meine Arbeit) ist immer da und lauert mir auf«, schrieb sie.

> Er ist groß, elegant und trägt wie Graf Dracula einen schwarzen Umhang. Er flüstert mir ins Ohr, dass mir nicht viel Zeit für meine Aufgaben bleibt. Er ist eifersüchtig auf jeden Moment, den ich nicht mit ihm verbringe. Er ist sogar auf meine verschlossene Schlafzimmertür eifersüchtig. Manchmal fliegt er des Nachts durch das offene Fenster meines Zimmers und hat dabei die Gestalt einer riesigen Fledermaus. Ich zittere, wenn er mich mit seinen Flügeln umschließt. Einen Moment lang wehre ich mich in meinem langen, weißen Nachthemd. Seine Zähne senken sich in meine Seele. Ich bin sein.

Nur wenige Jahre nach ihrem Aufbruch ins künstlerische Abenteuer wurde Saint Phalle berühmt für ihre »Schießbilder« – Assemblages, die sie mit Farbbeuteln oder Farbdosen präparierte und dann mit einem Gewehr, einer Pistole oder einer Miniaturkanone beschoss, sodass die Farbe über das Kunstwerk spritzte. Einige Jahre später begann Saint Phalle dann, hauptsächlich als Bildhauerin zu arbeiten, und erschuf ab 1978 im Laufe von zwanzig Jahren einen monumentalen Skulpturengarten in der Toskana. Nachdem sie die größte Skulptur des sogenannten Tarot-Gartens fertiggestellt hatte, eine Frauenfigur in der Größe eines Hauses, zog sie selbst dort ein und nutzte die eine Brust als Schlafzimmer, die andere als Küche. (Die einzigen beiden Fenster waren in die Brustwarzen der Figur integriert.) »Ich genoss dieses mönchhafte Leben, auch wenn es nicht immer angenehm war«, schrieb sie später über die sieben Jahre im Innern der Skulptur. »Meine Vorräte lagerte ich in einem großen Loch im Boden, und zum Kochen benutzte ich einen winzigen Gaskocher. In heißen Nächten wachte ich davon auf, dass ganze Insektenschwärme aus den Sümpfen mich umschwärmten wie in einem kindischen Albtraum.«

Reiche Freunde hatten ihr das Gelände für den Tarot-Garten zur Verfügung gestellt, doch dessen Ausgestaltung wurde über die Jahre zum dauerhaften finanziellen Wagnis, das die Künstlerin auf unterschiedlichste Weise zu lösen versuchte (sie verkaufte sogar ein Parfüm namens Niki de Saint Phalle). Außerdem wurde sie von den Scharen unbezahlter Helfer unterstützt, die sie durch ihr Charisma für das Projekt gewinnen konnte. Sie war sich ihrer Wirkung auf andere bewusst und nutzte sie zu ihrem Vorteil. »Begeisterung ist ein Virus, das ich ganz einfach verbreiten kann, denn meine Begeisterung ermöglicht mir, alles zu tun, was ich will, egal, wie schwierig es ist«, schrieb sie. Dass dies womöglich auf Kosten ihrer Freunde und Mitarbeiter ging, kümmerte sie nicht. »Menschen sind wichtig«, schrieb Saint Phalle. »Sie sind wesentlich, aber nicht das Wichtigste. Das Wichtigste ist die Arbeit, die totale Besessenheit, der Virus.«

Carolee Schneemann

(1939–2019)

Die wegweisende Performancekünstlerin lebte von 1964 bis zu ihrem Tod im Jahr 2019 im selben im 18. Jahrhundert erbauten Haus in Upstate New York. Sofort nach dem Aufwachen, noch im Bett, begann sie zu schreiben, und versuchte, die Bilder und Gedanken aus ihren Träumen auf Papier zu bannen. »Morgens bin ich meist noch ganz durchlässig«, sagte Schneemann 2017, »manchmal regen mich die Traumfetzen direkt zum Arbeiten an. Danach wartet dann der ewige Trümmerhaufen des Alltags darauf, von mir abgetragen zu werden.« Notizen machte Schneemann auf jedem Papierschnipsel, den sie um ihr Bett herum finden konnte, groß sortieren oder überarbeiten tat sie diese hinterher nicht. »Die fliegen überall herum, ich versuche, sie zu sammeln, und dann werden es doch einfach immer mehr«, sagte sie. »Nur wenn mir etwas besonders bedeutsam erscheint, versuche ich, daran zu denken, es abzutippen und im Computer abzuspeichern.«

Wenn sie keine dringenden Termine hatte, verbrachte Schneemann auf diese Weise erst einmal ein, zwei Stunden im Bett. Dann stand sie auf, fütterte ihre beiden Katzen, machte sich Frühstück und setzte sich dann an die Arbeit. Schneemann hatte zwei Ateliers – das »kleine Atelier« bestand aus mehreren Räumen und dem Flur im ersten Stock ihres Hauses, und das »große Atelier« war ein separates Gebäude auf einem benachbarten Feld. Letzteres war auch gleichzeitig der Arbeitsplatz ihres Assistenten, der vier Tage die Woche von 10 bis 15 Uhr kam. Schneemann leistete ihm meist Gesellschaft und verbrachte den Großteil dieser Zeit mit Korrespondenz, Logistik und Administrativem – Bürotätigkeiten, die immer mehr wurden, je bekannter und gefragter ihre Gemälde, Assemblagen, Performances, Fotografien und Filme wurden. Neue Arbeiten entstanden vor allem außerhalb dieser Bürozeiten, immer wenn Schneemann Zeit dafür fand. »Ich kämpfe laufend«, sagte sie. »Ich kämpfe, kämpfe,

»Ich kämpfe, kämpfe, kämpfe gegen einen riesigen Berg an.«

kämpfe gegen einen riesigen Berg an, damit ich mich auf meine Arbeiten konzentrieren kann. Und es wird jeden Monat schlimmer. Je mehr Wertschätzung ich erfahre, desto weniger Kontrolle habe ich über meine Zeit. Desto mehr Rechnungen stapeln sich, Steuern wollen bezahlt werden, und Menschen fordern meine Aufmerksamkeit.«

Konzentrierte Atelierzeit konnte Schneemann sich vor allem abends nehmen, auch wenn sie am Ende nicht mehr so lange arbeiten konnte wie früher. »Ich würde immer noch am liebsten bis zwei Uhr früh arbeiten, aber sehr viel später als Mitternacht wird es selten«, sagte sie in einem Interview zwei Jahre vor ihrem Tod. Sie arbeitete jeden Tag, auch am Wochenende. Auf die Frage, ob sie sich nicht auch mal freinehme, lachte Schneemann. »Völlig abwegig!«, sagte sie. »Ein freies Wochenende? Vielleicht sogar ein paar Tage? Kleiner Urlaub gefällig? Warum nicht gleich ganz in Rente gehen! Nein – und das ist eine Konstante in meinem Leben.« Neben der Büroarbeit und ihren Katzen hielt sie noch etwas von der Kunst ab: Hausarbeit. Während es sie nicht störte, wenn es im großen Atelier chaotisch zuging, hielt sie ihr Haus makellos rein. »Ich bin eine Künstlerin, die den Abwasch erledigen muss, bevor sie etwas schaffen kann«, sagte sie. »Furchtbar lästig, aber leider nicht zu ändern.«

Carole King

(*1942)

Die US-amerikanische Singer-Songwriterin war an über einhundert Pop-Hits beteiligt, und ihr Album *Tapestry* aus dem Jahr 1971 zählt zu den meistverkauften Alben aller Zeiten. Außerdem ist sie ein eiskalter Morgenmensch. »Ich bin einer von diesen rücksichtslosen frühen Vögeln, die von Nachteulen so sehr gehasst werden«, schrieb King in ihrer Autobiografie, die 2012 unter dem Titel *A Natural Woman* erschien. »Ich raschle mit der Müslipackung, klappere mit dem Löffel im Tee und schreie aus vollem Hals: ›Beeil dich, sonst verpasst du noch den Bus!‹, egal, ob jemand im Nebenzimmer schläft.«

Als Songwriterin musste King lernen, alles ein wenig entspannter anzugehen und den Dingen ihren Lauf zu lassen. 1989 erzählte sie in einem Interview über ihren Umgang mit Schreibblockaden:

> Am besten macht man sich einfach keinen Kopf deshalb. Nie. Wenn man sich hinsetzt, weil man etwas schreiben will, einem dann aber nichts einfällt, steht man eben wieder auf und macht etwas anderes. Dann kehrt man irgendwann an den Schreibtisch zurück und versucht es noch mal. Einfach darauf vertrauen, dass es schon kommen wird. Wenn die Inspiration jemals da war, wenn man jemals was geschafft hat, dann klappt das auch noch mal. Die Inspiration kommt früher oder später immer wieder. Man darf es sich nur nicht selbst schwer machen, indem man die ganze Zeit Angst hat, sie würde nicht zurückkehren.

King fügte hinzu, dass sich die kreativen Tore bei ihr meist nach etwa einer Stunde wieder öffnen, manchmal würde es aber auch einen Tag, eine Woche oder sogar Monate dauern. Trotzdem mache sie sich deswegen nicht verrückt. Der Schlüssel liege darin, schrieb sie in ihrer Autobiografie, das Unterbewusste am jeweiligen Problem arbeiten zu lassen, ohne dass sich das bewusste Ich zu sehr einmische. »Wenn das Ich die Kontrolle übernimmt, erschafft man die Kunst bewusst. Das Ergebnis kann dann trotzdem sehr gut sein, aber wo das Ich ist, sind auch Selbstzweifel nicht weit.« Stattdessen solle man das Unterbewusste in Ruhe machen lassen, denn »wenn die Kunst aus dem Innersten kommt, dann spürt man das genau, und dann ist das Ergebnis auf jeden Fall meist besser«.

Jessye Norman

(*1945)

»Ich halte nichts von Ritualen, bevor ich auf die Bühne gehe«, schrieb die amerikanische Opernsängerin 2014 in ihrer Autobiografie.

Im Gegenteil, am Anfang meiner Bühnenkarriere lernte ich, dass ich diese Dinge auf ein Minimum beschränken muss, wenn ich meinen Job gut machen will. Natürlich habe ich als ganz junge Sängerin an der Deutschen Oper Berlin beobachtet, wie die erfahreneren Sänger sich und ihre Stimmen pflegten, und sogar versucht, einige ihrer regelmäßigen Rituale vor der Vorstellung in meine eigenen Vorbereitungen zu integrieren. Ich erinnere mich, dass eine Sängerin durchblicken ließ, ein in einer Tasse Tee verschlagenes rohes Ei sei genau das Elixier, das sie vor einer Vorstellung brauche. Dieses Gebräu übte auf mich keinen Zauber aus, doch ich probierte das »Tee-und-Honig«-Ritual, dem so viele Sänger anhängen, aus und pflegte die Mischung in einer Thermosflasche mit zur Vorstellung zu bringen. Doch einmal, als ich aus einem Wiener Hotel eilte, um einen Liederabend zu geben, fiel meine altmodische Thermosflasche, deren Innengefäß aus Glas bestand, aus meiner Tasche und krachte auf den Boden. Das Geräusch des zersplitternden Glases bestürzte mich. Was sollte ich tun? Mein Tee war ungenießbar! Würde ich jetzt singen können? Wie könnte ich nun auf die Bühne gehen? Auf der Stelle beschloss ich, das »Ritual« zu beenden, das bloß eine mentale Krücke war.

Seither trinkt Norman vor Auftritten immer nur Wasser und Saft, ohne spezielle Darreichungsform. »Hydration – mehr ist nicht nötig.«

Joan Jonas

(*1936)

Die wegweisende Video- und Performancekünstlerin lebt und arbeitet seit 1974 in einem Loft im New Yorker Stadtteil SoHo. Ihr Arbeitsablauf ist nicht jeden Tag derselbe, aber üblicherweise steht Jonas um 7:30 Uhr auf und geht mit ihrem Zwergpudel Ozu spazieren. Dann setzt sie sich mit einem Kaffee und der Zeitung in ihr Lieblingscafé um die Ecke. Zurück im Loft, macht sich Jonas an die Arbeit, meist für den ganzen Rest des Tages, häufig mit Musik im Hintergrund. (Am liebsten hört sie Morton Feldman.) Sie versucht, jeden Tag zu zeichnen, und beginnt ihren Arbeitstag häufig damit – wenn sie hingegen am Skript für ein neues Video sitzt, fängt sie damit an. An manchen Tagen kommen zwischen 10 und 18 Uhr ihre Assistentinnen. (Jonas beschäftigt drei Assistentinnen in Teilzeit, die das Bearbeiten der Videos, die Planung von Ausstellungen in Museen und Galerien sowie unterschiedliche Aufgaben wie den Auf- und Umbau von Installationen übernehmen.) Einen Großteil von Jonas' Arbeitszeit nimmt die Recherche ein. »Ich bin ständig auf der Suche nach Geschichten«, sagte sie 2017. »Deshalb lese ich und recherchiere. Eine meiner Hauptbeschäftigungen ist es, in Buchhandlungen zu gehen, Bücher zu lesen und nach Ideen zu durchblättern.«

Unterwegs hat sie häufig ein kleines Notizbuch dabei, um sich Gedanken zu notieren, und wenn sie es mal nicht in der Tasche hat, benutzt sie ihr iPhone. Doch auf neue Ideen zu kommen, ist gar nicht ihre Hauptsorge. »Ich glaube, ich greife immer wieder auf dieselben Ideen zurück, nur auf unterschiedliche Weise«, sagte Jonas. »Das ist sozusagen wie eine eigene Sprache, die ich entwickelt habe. Ich weiß gar nicht, wie viele meiner Ideen wirklich neu sind, weil ich meist frühere variiere oder sie in einen neuen Kontext stelle.«

Neben der einstündigen Mittagspause ist der Arbeitstag außerdem unterbrochen von Ausflügen mit Ozu. »Der Hund bekommt sehr viel Auslauf, mehrmals am Tag«, sagte sie. »Ich gehe gern spazieren und sage den wenigen Bekannten Hallo, die noch in den Läden in der Nachbarschaft übrig sind. Oder ich besuche Galerien in der Gegend. Aber davon abgesehen, arbeite ich den ganzen Tag.« Abends trifft sie sich mit Freunden zum Essen und gibt etwa einmal im Monat eine Dinnerparty. Danach liest sie oder schaut sich im Fernsehen oder auf dem Computer alte Filme an. Ins Bett geht sie normalerweise gegen 23 Uhr, manchmal kann es aber auch Mitternacht oder 1 Uhr werden. »Und oft kann ich nicht schlafen, dann lese ich auch nachts«, erzählte Jonas. »Oder sehe mir Filme auf dem Computer an.«

Schaffenskrisen sind ihr fremd. Sie findet überall im Alltag Inspiration – während eines Spaziergangs im Park, bei Verabredungen mit Freunden, im Metropolitan Museum of Art oder an bisher unbekannten Orten. »Ich glaube, wenn man seinen Geist frei macht und alle Eindrücke einfach aufnimmt, kommt die Inspiration von ganz allein«, sagte sie. Inspiration ist für sie weder sonderlich kostbar noch ungewöhnlich. »Inspiration unterscheidet sich für mich nicht groß von Recherche und plötzlichem Interesse für irgendetwas«, sagte Jonas. »Ich unterteile so etwas nicht in Kategorien. Für mich gehört das alles zu einer gewissen Neugier auf die Welt – die Welt um mich herum.«

Doris Lessing

(1919–2013)

Im Jahr 1949 ging Lessing mit ihrem kleinen Sohn Peter und dem fertigen Manuskript ihres ersten Romans *Afrikanische Tragödie* nach London. Sie kam aus Südrhodesien (heute Simbabwe), wo sie als Kind britischer Eltern aufgewachsen war, und war mit ihren knapp dreißig Jahren bereits zweifach geschieden und hatte drei Kinder. Als sie nach London auswanderte, blieben die beiden älteren Kinder, zehn und acht, bei ihrem ersten Ehemann, und Lessing sah die beiden den Rest ihrer Kindheit nur gelegentlich – eine Tatsache, auf die sie, sehr zu ihrem Unmut, unermüdlich von Journalisten angesprochen wurde, sobald sie sich als Schriftstellerin einen Namen gemacht hatte. Auf die immer gleiche Frage danach, wieso sie ihre Kinder zurückgelassen habe, antwortete Lessing stets, sie habe keine Wahl gehabt. Sie hatte ihren ersten Mann mit neunzehn geheiratet, bereits schwanger mit dem ersten Kind, und nach einigen Jahren als unzufriedene Ehefrau in einem verschlafenen Nest ohne kulturelles Leben festgestellt, dass ihr weder Zeit noch Energie zum Schreiben blieben, das sie doch als ihre eigentliche Berufung auserkoren hatte. Also verließ sie ihren Mann und ihre beiden kleinen Kinder, um das Leben zu leben, nach dem sie sich sehnte, suchte sich eine eigene Wohnung und einen Job, schrieb und engagierte sich politisch in der britischen kommunistischen Partei (und heiratete später erneut und bekam ihr drittes Kind); ihr Umzug nach London war lediglich eine Fortführung jenes ersten Bruchs mit der Familie. Sie versuchte nie, ihr Verhalten zu rechtfertigen. »Was ich getan habe, war furchtbar«, sagte Lessing 1997, »aber ich hatte keine andere Wahl, denn wenn ich es nicht getan hätte, dann wäre ich zweifellos als Alkoholikerin oder in der Irrenanstalt geendet. Ich konnte mein Leben nicht ausstehen. Ich habe es einfach nicht mehr ertragen.« Wenn sie verärgert war, fand sie noch deutlichere Worte: »Niemand kann mit einem Kind in der Nähe schreiben«, sagte sie einmal. »Das führt zu nichts. Man regt sich nur auf.«

Doch natürlich schrieb Lessing mit ihrem Sohn Peter in der Nähe. Später betonte sie sogar einmal, wie gut es gewesen sei, dass sie bei ihrer Ankunft in London für ein Kind hatte sorgen müssen, denn sonst hätte sie sich vom Soho der 1950er verführen lassen. (»Es gab eine Gruppe talentierter Leute, aber größtenteils tranken die nur und redeten so lange, bis von ihrem Talent nichts mehr übrig war«, schrieb sie.) Stattdessen suchte sich Lessing jemanden, der sich um Peter kümmerte, damit sie Zeit zum Schreiben hatte. Zunächst nahm sie einen Brotjob als Sekretärin an, doch durch den bescheidenen Vorschuss für ihr nächstes Buch war Lessing schließlich in der Lage, ihren Job zu kündigen und sich ganz dem Schreiben zu widmen. Im zweiten Teil ihrer Autobiografie beschreibt die Schriftstellerin ihren Tagesablauf während der ersten Jahre in London folgendermaßen:

> Ich wachte morgens um fünf auf, wenn das Kind wach wurde. Er kam zu mir ins Bett, und ich erzählte ihm Geschichten, las ihm etwas vor oder dachte mir Gedichte für ihn aus. Dann zogen wir uns an, er aß Frühstück, und danach brachte ich ihn die Straße rauf zur Schule. […] Ich kaufte ein paar Sachen ein, und dann begann mein Tag erst so richtig. Dieses fieberhafte Drängen in mir, die verschiedensten Sachen zu erledigen, was ich als Hausfrauenkrankheit bezeichne, das »Ich muss dies kaufen, ich muss jenen anrufen, ich muss

> dies noch erledigen, ich darf das nicht vergessen«, musste auf den öden Ruhezustand heruntergefahren werden, den man zum Schreiben braucht. Manchmal erreichte ich den, indem ich mich für ein paar Minuten hinlegte und dabei sehr hoffte, dass nicht gleich das Telefon klingelte. Schlaf war schon immer mein Freund, mein Helfer, mein Retter in der Not, aber erst in dieser Zeit lernte ich es so richtig zu schätzen, ein paar Minuten in … ja, wo hinein eigentlich? Jedenfalls abzutauchen. Und dann taucht man wieder auf, völlig klar im Kopf, ruhig, dunkel, bereit zum Arbeiten.

Im Laufe des Tages unterbrach Lessing ständig die Arbeit, um irgendetwas im Haushalt zu erledigen, eine Tasse abzuwaschen, eine Schublade aufzuräumen oder sich einen Tee zu machen. »Ich laufe hin und her, ich tigere auf und ab, die Hände immer mit irgendetwas beschäftigt«, schrieb sie. »Wenn man mich so sah, hätte man mich glatt für eine Musterhausfrau halten können.« Doch mit den Gedanken war sie die ganze Zeit woanders, bei ihrem aktuellen Projekt – und laut ihrer Biografin Carole Klein konnten diese ziellos klingenden Arbeitstage, an denen sich Lessing vornahm, mindestens siebentausend Wörter zu schreiben, erstaunlich produktiv sein. Ihre ganze Karriere über waren die Tagträumereien entscheidend für Lessings Schreibprozess. Sie empfand »körperliche Bewegung als Weg zur Konzentration« und verglich sich in dieser Hinsicht mit einer Malerin. »Malerinnen laufen auch die ganze Zeit scheinbar ziellos in ihrem Studio hin und her«, schrieb sie. »Sie machen einen Pinsel sauber, sie werfen einen anderen weg, sie bereiten eine Leinwand für das nächste Bild vor, aber im Kopf sind sie ganz woanders. Sie schauen aus dem Fenster. Sie machen sich einen Kaffee. Sie stehen lange vor der Leinwand, den Pinsel in der Hand, bereit loszulegen. Und dann, endlich, geht es auch los: das Arbeiten.«

Vielleicht waren gerade ihre harte Arbeit und die großen Opfer, die sie in ihrem Leben für das Schreiben erbringen musste, der Grund dafür, dass Lessing ein offenes Ohr für die scheinbar unstillbare Neugier der Leser nach Geschichten über den Alltag und die Arbeitsmethoden von Schriftstellerinnen hatte. »Wenn wir [Schriftstellerinnen] uns der Öffentlichkeit stellen, werden wir immer gefragt, ob wir am Computer tippen, ob wir mit dem Kuli oder auf der Maschine schreiben, ob wir jeden Tag schreiben, wie denn unser Tagesablauf so aussieht«, schrieb Lessing.

> Diese Fragen sind der natürliche Versuch, sich dem eigentlichen Punkt der Sache zu nähern, nämlich: Wie nutzen Sie Ihre Energie? Wie teilen Sie sich Ihre Energie ein? Wir sind ja alle irgendwann leer, erschöpft; erfolgreiche Menschen teilen sich – ob instinktiv oder weil sie aus Fehlern gelernt haben – ihre Energie sehr gut ein, anstatt sie einfach zu verschwenden. Wie das genau aussieht, ist von Mensch zu Mensch verschieden, egal, ob man schreibt oder etwas ganz anderes tut. Ich kenne Schriftstellerinnen, die sich die Nächte auf Partys um die Ohren schlagen und dann den ganzen nächsten Tag frisch und munter schreiben, anstatt völlig übermüdet zu

sein. Wenn ich abends lange aufbleibe, geht es mir am nächsten Tag leider nicht so gut. Manche fangen morgens so früh wie möglich mit der Arbeit an, andere schreiben lieber nachts oder – für mich persönlich so gut wie unmöglich – nachmittags. Versuch macht klug, und wenn man einmal herausgefunden hat, was für einen gut funktioniert, was man braucht, den ureigenen Rhythmus, dann hält man daran fest.

QUELLENANGABEN

»Wie die Zeit«: Anne Olivier Bell, Andrew McNeillie (Hg.), *The Diary of Virginia Woolf, Volume Three: 1925–1930*, San Diego 1981.

Vorwort: Interview mit Claudia Tate, »Black Women Writers at Work«, in: Jeffrey Elliot (Hg.), *Conversations with Maya Angelou*, Jackson 1989. Interview mit Smithsonian American Art Museum, »Meet Grace Hartigan«, 16.01.2009. Interview mit Jonathan Cott, »Susan Sontag: The Complete Rolling Stone Interview«, in: *New Haven*, 2013. Colette, *Earthly Paradise: An Autobiography*, New York 1966.
»winzigen, unwirtlichen«: Interview mit Tate, S. 40.
»Ich habe mich nie«: Interview mit Smithsonian American Art Museum.
»das Leben und das Projekt«: Interview mit Jonathan Cott, S. 109.
»Wie zum Teufel«: Colette, S. 502.

Coco Chanel: Rhonda K. Garelick, *Mademoiselle: Coco Chanel and the Pulse of History*, New York 2014.
»nervöser Anspannung«: Ebd., S. 395.
»Die Angestellten fingen«: Ebd., S. 394 f.
»problemlos neun Stunden«: Ebd., S. 395.
»Wenn ich ›Urlaub‹«: Zitiert ebd., S. 397.

Dorothy Parker: Marion Meade, *Dorothy Parker: What Fresh Hell Is This?*, New York 1989. Sam Roberts, »›The Elements of Style‹ Turns 50«, in: *The New York Times*, 21.04.2009.
»Haben Sie Freunde«: Zitiert in Roberts.
»Beinahe von Anfang an«: Meade, S. 188 f.
»Man sitzt herum«: Zitiert ebd., S. 89.
»für sie eine Qual«: Vgl. ebd., S. 357.
»Bis aufs Schreiben«: Zitiert ebd., S. 388.

Zadie Smith: Interview mit Michele Norris, »In Essays, Author Zadie Smith Reveals Her Process«, in: *National Public Radio*, 11.11.2009. Inter-

view mit Isaac Chotiner, »Zadie Smith on Male Critics, Appropriation, and What Interests Her Novelistically About Trump«, in: *Slate*, 16.11.2016. Yevgeniya Traps, »Zadie Smith on ›Little Sparks of Something Like Actual Life‹ and Her Latest, ›NW‹«, in: *Politico*, 02.10.2012. Zadie Smith, *NW*, New York 2012.
»Ich glaube«: Interview mit Norris.
»sehr langsam«: Zitiert in Traps.
»Zeit verschafft«: Smith, *NW*.
»Ich habe einen Laptop«: Interview mit Chotiner.

Frida Kahlo: Hayden Herrera, Frida: *A Biography of Frida Kahlo*, New York 1983. Catherine Reef, *Frida & Diego: Art, Love, Life*, Boston 2014. Martha Zamora, *Frida Kahlo: The Brush of Anguish*, San Francisco 1990. Martha Zamora (Hg.), *The Letters of Frida Kahlo: Cartas Apasionadas*, San Francisco 1995.
»Ich hatte zwei«: Zitiert in Zamora, *Frida Kahlo*, S. 37.
»Wenn zwischen den beiden«: Herrera, S. 194.
»Frieda [sic] fällt«: Zitiert ebd., S. 149.
»Ich fange um acht Uhr«: Zitiert in Zamora, *The Letters*, S. 188.
»Ich habe nie aufgegeben«: Zitiert in Herrera, S. 390 f.

Anna Pawlowa: Margot Fonteyn, *Pavlova: Portrait of a Dancer*, New York 1984. Victor Dandré, *Anna Pavlova in Art & Life*, New York 1972.
»Am Tage der Aufführung«: Zitiert in Fonteyn, S. 30 f.
»von der Uhr diktiert«: Dandré, S. 123.
»Bevor sie die Bühne betrat«: Ebd.
»Die Menschen denken immer«: Zitiert in Fonteyn, S. 33.

Patti Smith: Kristina Rodulfo, »Patti Smith: New York Is No Longer Welcoming to Artists and Dreamers«, in: *Elle*, 06.10.2015. Patti Smith, *M Train*, Köln 2016, übersetzt von Brigitte Jakobeit.
»Wenn ich nach dem Aufstehen«: Zitiert in Rodulfo.
»Ich habe einen schönen«: Smith, S. 37.
»Die Dichter von gestern«: Ebd., S. 44. (Übersetzung leicht abgewandelt)

Miranda July: Telefoninterview mit Mason Currey, 20.09.2016.

Edith Wharton: Hermione Lee, *Edith Wharton*, New York 2007. Edith Wharton, *A Backward Glance*, New York 1998. Percy Lubbock, *Portrait of Edith Wharton*, New York 1969. Maureen Adams, *Shaggy Muses: The Dogs Who Inspired Virginia Woolf, Emily Dickinson, Elizabeth Barrett Browning, Edith Wharton, and Emily Brontë*, New York 2007. J. D. McClatchy, *American Writers at Home*, New York 2004. Philip Kennicott, »Character Study«, in: *The Washington Post*, 31.08.2008.
»gleichsam reale«: Wharton, S.205.
»flankiert von Nachttischen«: Zitiert in Lee, S.670 f.
»vorherrschenden Leidenschaften«: Zitiert in Kennicott.
»kaum eine Andeutung«: Lubbock, S.22.
»Die geringste Erschütterung«: Zitiert in Adams, S.169.

Isabel Allende: Telefoninterview mit Mason Currey, 23.08.2016.

Julie Mehretu: Telefoninterview mit Mason Currey, 11.10.2016.

Harriet Jacobs: Jean Fagan Yellin, *Harriet Jacobs: A Life*, New York 2004. Harriet Jacobs, *Incidents in the Life of a Slave Girl*, http://docsouth.unc.edu/fpn/jacobs/jacobs.html.
»auf irgendeinem Weg«: Zitiert in Yellin, S.120.
»Noch habe ich«: Zitiert ebd., S.129.
»nur zwei ruhige Monate«: Ebd.
»Das arme Buch«: Ebd.
»in unregelmäßigen Abständen«: Jacobs, *Incidents*, Preface.
»so oft unterbrochen«: Zitiert in Yellin, S.135.

George Eliot: Kathryn Hughes, George Eliot: *The Last Victorian*, New York 1999. Gordon S. Haight, *George Eliot: A Biography*, New York 1968. Margaret Harris und Judith Johnston (Hg.), *The Journals of George Eliot*, Cambridge 1998.
»werde niemals wieder«: Zitiert in Hughes, S.293.
»Während ich schrieb«: Zitiert ebd., S.311.
»Unsere Liebe«: Zitiert ebd., S.251.

Eudora Welty: Interview mit Linda Kuehl, »Eudora Welty, The Art of Fiction No.47«, in: *The Paris Review*, Fall 1972. Peggy Whitman Prenshaw

(Hg.), *Conversations with Eudora Welty*, Jackson 1984. Peggy Whitman Prenshaw (Hg.), *More Conversations with Eudora Welty*, Jackson 1996. Suzanne Marrs, *Eudora Welty: A Biography*, Orlando 2006.
»Egal, wo ich es probiert habe«: Interview mit Kuehl.
»weil das für eine«: Ebd.
»sodass das Ganze«: Ebd.
»das gibt mir ein Gefühl«: Ebd.
»Oh Mann«: Zitiert in Prenshaw, *More Conversations*, S. 172.
»einzigen, langen Kraftakt«: Zitiert ebd., S. 174.

Elena Ferrante: Elena Ferrante, *Frantumaglia: A Writer's Journey*, New York 2016.
»Ich habe keinen«: Ferrante, S. 238.
»Ich schreibe ununterbrochen«: Ebd., S. 254.
»irgendeine kleine Ecke«: Ebd., S. 337.
»Wenn ich nicht«: Ebd., S. 303.

Dorothy Thompson: Peter Kurth, *American Cassandra: The Life of Dorothy Thompson*, Boston 1990.
»von Hand im Bett«: Ebd., S. 263.
»Ich bin getrieben«: Zitiert ebd., 264.

Eleanor Roosevelt: Eleanor Roosevelt, *You Learn by Living: Eleven Keys for a More Fulfilling Life*, New York 1960. David Emblidge (Hg.), *My Day: The Best of Eleanor Roosevelt's Acclaimed Newspaper Columns, 1936–1962*, New York 2001. Eleanor Roosevelt, *The Autobiography of Eleanor Roosevelt*, New York 1992. Blanche Wiesen Cook, *Eleanor Roosevelt: Volume One, 1884–1933*, New York 1992. Bernard Asbell (Hg.), *Mother & Daughter: The Letters of Eleanor and Anna Roosevelt*, New York 1982.
»Ich habe dieses Problem«: Roosevelt, *You Learn by Living*, S. 45.
»für gewöhnlich habe ich«: Roosevelt, *Autobiography*, S. 290.
»Sie kommt hervorragend«: Zitiert in Cook, S. 466.
»Ich bin regelmäßig«: Zitiert in Asbell, S. 298.

Nina Simone: Nina Simone mit Stephen Cleary, *I Put a Spell on You: The Autobiography of Nina Simone*, New York 1991.
»die Leute kamen«: Simone, S. 92.

»Um das Publikum«: Ebd., S.93.
»komplett verkrampften«: Ebd.
»exakt auf die Atmosphäre«: Ebd., S.94.
»Was auch immer«: Ebd.

Germaine de Staël: J. Christopher Herold, *Mistress to an Age: A Life of Madame de Staël*, Indianapolis 1958.
»Man muss sich«: Zitiert ebd., S.223.
»Madame de Staël arbeitete«: Zitiert ebd., S.282.
»Das Frühstück wurde«: Ebd., S.282 f.
»Wie alle Schlaflosen«: Ebd., S.283.
»Jedermanns Leben«: Zitiert ebd., S.189.

Edith Head: Edith Head und Paddy Calistro, *Edith Head's Hollywood*, Santa Monica 2008. Jay Jorgensen, *Edith Head: The Fifty-Year Career of Hollywood's Greatest Costume Designer*, Philadelphia 2010. David Chierichetti, *Edith Head: The Life and Times of Hollywood's Celebrated Costume Designer*, New York 2003.
»Um in Hollywood«: Zitiert in Jorgensen, S.256.
»Das ging alles«: Head und Calistro, S.42.
»eine bessere Diplomatin«: Ebd., S.146.
»Innerlich war ich«: Ebd., S.181.
»lernte ich«: Ebd.
»Weder in meinem Atelier«: Ebd., S.98.
»In meinem Atelier«: Zitiert in Jorgensen, S.109.

Marlene Dietrich: Marlene Dietrich, *Das ABC meines Lebens*, München 2012. Edith Head und Paddy Calistro, *Edith Head's Hollywood*, Santa Monica 2008. Steven Bach, *Marlene Dietrich: Life and Legend*, New York 1992.
»Die Dietrich war nicht schwierig«: Head und Calistro, S.37.
»stieg aus dem Flugzeug«: Zitiert in Bach, S.370.
»Es ist eine Sünde«: Dietrich, S.130.
»nicht nur die beste Beschäftigungstherapie«: Ebd., S.81.
»Je mehr Arbeit«: Ebd.

Cindy Sherman: Interview mit Kenneth Baker, »Cindy Sherman: Interview with a Chameleon«, in: *San Francisco Chronicle*, 08.07.2012. Interview

mit Betsy Berne, »Studio: Cindy Sherman«, in: *Tate Arts and Culture*, Mai/ Juni 2003. Interview mit Betsy Sussler, »Cindy Sherman by Betsy Sussler«, in: *Bomb*, Spring 1985. Leanne Shapton, Sheila Heti, Heidi Julavits und 561 Weitere, *Frauen und Kleider. Was wir tragen, was wir sind*, Frankfurt am Main 2015, übersetzt von Sophie Zeitz und Britt Somann-Jung. Tim Adams, »Cindy Sherman: ›Why Am I in These Photos?‹«, in: *The Guardian*, 03.07.2016.
»Selbst die Gegenwart«: Interview mit Baker.
»als hätten wir Halloween«: Interview mit Berne.
»Ich versuche eine Ebene«: Ebd.
»ein anderer Mensch«: Interview mit Sussler.
»Künstlerin zu sein«: Zitiert in Adams.
»Ich würde sagen«: Zitiert in Shapton et al., S. 253.
»Bei ein paar«: Zitiert ebd.
»Meist gibt es«: Interview mit Baker.

Sheila Heti: E-Mail-Interview mit Mason Currey, September 2016.

Alice Walker: Alice Walker, *In Search of Our Mothers' Gardens: Womanist Prose*, San Diego 1983. Rudolph P. Byrd (Hg.), *The World Has Changed: Conversations with Alice Walker*, New York 2010. Meredith May, »A Rigorous Look at Writer Alice Walker's Life«, in: *SFGate*, 04.02.2014.
»den Horizont frei«: Zitiert in Byrd, S. 273.
»Warum ist hier«: Walker, S. 356.
»Wir saßen zusammen da«: Ebd., S. 359.
»wurden stiller«: Ebd.
»Und wenn Rebecca«: Ebd.
»Eigentlich hat mich«: Zitiert in May.

Virginia Woolf: Hermione Lee, *Virginia Woolf*, New York 1999. Anne Olivier Bell und Andrew McNeillie (Hg.): *The Diary of Virginia Woolf*, San Diego 1978–1984. Nigel Nicolson und Joanne Trautmann (Hg.): *The Letters of Virginia Woolf*, San Diego 1977–1978. Virginia Woolf, *The Death of the Moth and Other Essays*, London 1942. Julia Briggs, *Virginia Woolf: An Inner Life*, Orlando 2005.
»sich ein filigranes Geschenk«: Woolf, *Death of the Moth*, S. 103.

»Ein guter Tag«: Zitiert in Bell und McNeillie, *Diary*, Volume 5, S.25.
»Diese selbst auferlegten«: Lee, S.405.
»Wie große Schriftsteller«: Zitiert in Bell und McNeillie, *Diary*, Volume 2, S.240.
»L. findet«: Zitiert in Nicolson und Trautmann, *Letters*, Volume 1, S.500.
»Keiner von uns«: Zitiert in Lee, S.332.
»Ich hoffe sehr«: Woolf, *Death of the Moth*, S.152.
»Straßenheimsuchen«: Woolf, *Death of the Moth*, S.29.
»extrem glücklich«: Zitiert in Bell und McNeillie, *Diary*, Volume 3, S.107.
»herumschnuppert«: Zitiert in Nicolson und Trautmann, *Letters*, Volume 3, S.241.
»leichthin vom Schreiben«: Zitiert in Bell und McNeillie, *Diary*, Volume 2, S.176.
»Sie redete und redete«: Zitiert in Lee, S.419.
»Die Wahrheit ist«: Zitiert in Bell und McNeillie, *Diary*, Volume 4, S.179.
»Es stört mich«: Zitiert in Lee, S.427.
»Ich erwache«: Zitiert in Nicolson und Trautmann, *Letters*, Volume 4, S.218.

Vanessa Bell: Frances Spalding, *Vanessa Bell*, New Haven 1983. Quentin Bell und Virginia Nicholson, *Charleston: A Bloomsbury House and Garden*, New York 1997. Lisa Tickner, »The ›Left-Handed Marriage‹: Vanessa Bell & Duncan Grant«, in: Whitney Chadwick und Isabelle de Courtivron (Hg.), *Significant Others: Creativity & Intimate Partnership*, New York 1993, S.65–81. Nigel Nicolson und Joanne Trautmann (Hg.): *The Letters of Virginia Woolf*, San Diego 1977–1978. Anne Olivier Bell und Andrew McNeillie (Hg.): *The Diary of Virginia Woolf*, San Diego 1978–1984.
»fabelhaften praktischen Fähigkeiten«: Zitiert in Spalding, S.165.
»nimmer wankende Achse«: Zitiert in Tickner, S.65.
»Charleston zu seiner Blütezeit«: Zitiert in Bell und Nicholson, S.123.
»zwei kräftige Tiere«: Zitiert ebd., S.70.
»Nie habe ich«: Zitiert in Nicolson und Trautmann, *Letters*, Volume 3, S.209.
»Die Fröhlichkeit«: Zitiert in Nicolson und Trautmann, *Letters*, Volume 3, S.237.
»Ich habe auf zu vielen«: Zitiert in Bell und McNeillie, *Diary*, Volume 3, S.243.

Isadora Duncan: Isadora Duncan, *My Life*, New York 2013. Peter Kurth, *Isadora: A Sensational Life*, Boston 2001. Janet Flanner, »Isadora«, in: *The New Yorker*, 01.01.1927.
»eine Hausparty«: Flanner.
»In jenem Sommer«: Duncan, S. 218 f.
»lange Tage und Nächte«: Ebd., S. 60.
»Ich habe in meinem Leben«: Ebd., S. 302.

Tania Blixen: Judith Thurman, *Isak Dinesen: The Life of a Storyteller*, New York 1982. Isak Dinesen, *Daguerreotypes and Other Essays*, Chicago 1979.
»Nachdem ich eingesehen hatte«: Dinesen, S. 10.
»wie ein waidwundes Tier«: Zitiert in Thurman, S. 257.
»Mit Ende vierzig«: Ebd.
»den benötigten Antrieb«: Ebd.
»Ich habe dem Teufel«: Zitiert ebd., S. 258.

Rachel Whiteread: Telefoninterview mit Mason Currey, 04.10.2016.

Sarah Bernhardt: Edmond Rostand, »Preface«, in: Jules Huret, *Sarah Bernhardt*, London 1899, vii–xii. Cornelia Otis Skinner: *Madame Sarah. Das Leben der Schauspielerin Sarah Bernhardt*, Frankfurt am Main 1988, übersetzt von Günther Danehl. Robert Gottlieb, *Sarah: The Life of Sarah Bernhardt*, New Haven 2010. Louis Verneuil, *The Fabulous Life of Sarah Bernhardt*, New York 1942. Arthur Gold und Robert Fizdale, *The Divine Sarah: A Life of Sarah Bernhardt*, New York 1992. Suze Rueff, *I Knew Sarah Bernhardt*, London 1951. »Face of Great Actress Subtle Even in Death«, in: *Los Angeles Times*, 28.03.1923.
»So gut wie Bernhardt«: Zitiert in Gold und Fizdale, S. 133.
»Mir ist nie wieder«: Zitiert in »Face of Great Actress«.
»Ein Brougham hält«: Rostand, S. x–xi.
»spontan in den Wahnsinn«: Ebd., S. xii f.
»Leben bringt Leben hervor«: Zitiert in Skinner.

Colette: Colette, *Earthly Paradise: An Autobiography*, New York 1966. Maurice Goudeket, *Close to Colette: An Intimate Portrait of a Woman of Genius*, New York 1957. Judith Thurman, *Secrets of the Flesh: A Life of Colette*, New York 1999.

»Ein Gefängnis ist«: Colette, S. 122.
»Sie wickelte sich«: Zitiert in Thurman, S. 308.
»schlau genug«: Goudeket, S. 53.
»hauptsächlich zwischen«: Ebd.
»unproduktive Stunden«: Colette, S. 140.
»Schreiben bedeutet«: Ebd.

Marguerite Duras: Laure Adler, *Marguerite Duras: A Life*, Chicago 1998. Leslie Garis, »The Life and Loves of Marguerite Duras«, in: *The New York Times Magazine*, 20.10.1991. Marguerite Duras mit Jérôme Beaujour, *Practicalities*, New York 1990. Marguerite Duras, *Writing*, Cambridge 1998.
»Es ist sozusagen«: Zitiert in Adler, S. 282.
»sie arbeitete ohne Pause«: Adler, S. 257.
»Ich bin eine echte Schriftstellerin«: Zitiert in Garis.

Marian Anderson: Marian Anderson, *My Lord, What a Morning: An Autobiography*, Madison 1992. Raymond Arsenault, *The Sound of Freedom: Marian Anderson, the Lincoln Memorial, and the Concert That Awakened America*, New York 2009.
»Eine Stimme wie«: Arsenault, S. 58.
»Ich höre mir gern«: Anderson, S. 199.
»eine delikate Angelegenheit«: Vgl. ebd., S. 200.
»Und dann«: Ebd.

Leontyne Price: Hugh Lee Lyon, *Highlights of a Prima Donna*, New York 1973. Winthrop Sargeant, *Divas*, New York 1973.
»An den Tagen«: Lyon, S. 146.
»Die Oper ist«: Zitiert ebd., S. 143.

Emily Dickinson: Richard B. Sewall, *The Life of Emily Dickinson*, Cambridge 1980. Vivian R. Pollak (Hg.), *A Historical Guide to Emily Dickinson*, New York 2004. Thomas H. Johnson (Hg.), *Emily Dickinson: Selected Letters*, Cambridge 1971. Alfred Habegger, *My Wars Are Laid Away in Books: The Life of Emily Dickinson*, New York 2002. Thomas Wentworth Higginson, »Emily Dickinson's Letters«, in: *The Atlantic Monthly*, October 1891. J. D. McClatchy, *American Writers at Home*, New York 2004.
»Ich will dir«: Zitiert in Sewall, S. 365.

»fremd wie der Flosse«: Zitiert in Higginson.
»Unsere Mutter war«: Zitiert in Habegger, S. 342.
»Mein Eindruck war«: Higginson.
»Ich bin noch nie«: Zitiert in Pollak, S. 15.
»Ich hatte keinen Monarchen«: Zitiert in Johnson, S. 178.

Mary Shelley: Charlotte Gordon, *Romantic Outlaws: The Extraordinary Lives of Mary Wollstonecraft and Her Daughter Mary Shelley*, New York 2015. Anne K. Mellor, *Mary Shelley: Her Life, Her Fiction, Her Monsters*, New York 1988. Mary Shelley, »Einführung der Autorin«, in: Mary Shelley, *Frankenstein oder der moderne Prometheus*, Stuttgart 1986, übersetzt von Ursula und Christian Grawe.
»so manchen Spaziergang«: Shelley, S. 14.
»bot er kein einziges Mal«: Gordon, S. 243.
»Und nun bitte ich«: Shelley, ebd.

Clara Schumann: Nancy B. Reich, Clara Schumann: *The Artist and the Woman*, Ithaca 1985. Beatrix Borchard, *Clara Schumann – Ihr Leben*, Hildesheim 2015.
»Mein Clavierspiel kommt«: Zitiert in Borchard, S. 156.
»sein tägliches Bier«: Reich, S. 130.
»dass ich ein Talent«: Zitiert in Borchard, S. 175.
»Es geht doch nichts«: Zitiert in Borchard, S. 202.

Diane Arbus: Arthur Lubow, *Diane Arbus: Portrait of a Photographer*, New York 2016.
»ist ein Geheimnis«: Lubow, S. ii.
»Ich finde alles raus«: Ebd., S. 4.
»irgendwie unartig«: Ebd., S. 323.
»Sie wollte die Leute«: Ebd., S. 327.
»Es war eine Frage«: Zitiert ebd.
»Fremden auf der Straße«: Ebd., S. 494.
»Ich fotografiere«: Zitiert ebd., S. 432.
»Ich mache das«: Zitiert ebd., S. 170.

Josephine Baker: Josephine Baker mit Jo Bouillon, *Josephine*, New York 1988. Lynn Haney, *Naked at the Feast: A Biography of Josephine Baker*, New

York 1981. Stephen Papich, *Remembering Josephine*, Indianapolis 1976. Jean-Claude Baker und Chris Chase, *Josephine: The Hungry Heart*, Holbrook 1993.
»Ich wollte«: Baker mit Bouillon, S.58.
»durch ein düsteres Paris«: Ebd., S.66.
»Ihr Geheimnis waren«: Papich, S.xv–xvi.
»Sie stand ständig«: Zitiert in Haney, S.177.
»Freunde schlugen uns«: Baker mit Bouillon, S.156.

Djuna Barnes: Phillip Herring, *Djuna: The Life and Work of Djuna Barnes*, New York 1995.
»bis zum Mittagessen«: Ebd., S.198.
»Die Landschaft um«: Zitiert ebd., S.192.
»Die eingerostete Seele«: Zitiert ebd., S.235.

Katherine Mansfield: Katherine Mansfield, *The Katherine Mansfield Notebooks: Complete Edition*, Minneapolis 2002. Claire Tomalin, *Katherine Mansfield: A Secret Life*, New York 1988.
»Ich gestehe«: Mansfield, Band 2, S.280.
»Früher oder später«: Ebd., S.280.

Edna St.Vincent Millay: Elizabeth Breuer, »Edna St.Vincent Millay: An Intimate Glimpse of a Famous Poet«, in: *Pictorial Review*, November 1931, 2, 50–57. Nancy Milford, *Savage Beauty: The Life of Edna St.Vincent Millay*, New York 2001. J. D. McClatchy, *American Writers at Home*, New York 2004.
»Wenn ich«: Zitiert in Breuer, S.52.
»Das ist Eugens Aufgabe«: Zitiert ebd.
»Es ist mir sehr wichtig«: Zitiert ebd.
»Wenn man ein Gedicht schreibt«: Zitiert ebd.
»Ich schreibe erst weiter«: Zitiert ebd.
»Ich kann einen kompletten Garten«: Zitiert ebd., S.54.

Josephine Meckseper: E-Mail-Interview mit Mason Currey, Januar–Februar 2017.

Hilary Mantel: Hilary Mantel, »My Writing Day«, in: *The Guardian*, 16.04.2016. Sophie Elmhirst, »The Unquiet Mind of Hilary Mantel«, in:

New Statesman, 03.10.2012. Hilary Mantel, »Hilary Mantel's Rules for Writers«, in: *The Guardian*, 22.02.2010. Larissa MacFarquhar, »The Dead Are Real«, in: *The New Yorker*, 15.10.2012. Interview mit Mona Simpson, »Hilary Mantel, The Art of Fiction No. 226«, in: *The Paris Review*, Spring 2015. Interview mit Anna Metcalfe, »Small Talk: Hilary Mantel«, in: *Financial Times*, 08.05.2009.
»Manche Autorinnen«: Mantel, »My Writing Day«.
»Tage, an denen«: Ebd.
»lange nachzudenken«: Ebd.
»Spazierengehen«: Mantel, »Rules for Writers«.
»Manchmal werde ich gefragt«: Zitiert in Elmhirst.

Agnès Varda: T. Jefferson Kline, *Agnès Varda: Interviews*, Jackson 2014.
»Aber ich hatte«: Zitiert in Kline, S. 43.
»unterschwelligen Drang«: Zitiert ebd., S. 44.
»Nicht, weil ich eine Frau war«: Zitiert ebd., S. 55.
»Es gibt im Wesentlichen«: Zitiert ebd., S. 60.
»gibt es nur eine Lösung«: Zitiert ebd.
»Ich sagte mir«: Zitiert ebd., S. 65.
»filmte, sobald«: Zitiert ebd., S. 111.
»Künstler haben früher«: Zitiert ebd., S. 124 f.
»das Privileg«: Zitiert ebd., S. 149.
»Meist ist meine Filmcrew«: Zitiert ebd.

Ida Lupino: William Donati, *Ida Lupino: A Biography*, Lexington 1996. Ida Lupino mit Mary Ann Anderson, *Beyond the Camera*, Albany 2011. Kevin Crust, »Classic Hollywood: Trailblazer Ida Lupino, a Woman for Her Time – and Ours«, in: *Los Angeles Times*, 16.02.2018.
»mochte [sie] die Schauspielerei«: Zitiert in Crust.
»Sobald das Drehbuch«: Zitiert in Donati, S. 229.
»Samstags und sonntags«: Lupino mit Anderson.
»Manchmal schrieb Ida«: Donati, S. 163.
»Die weibliche Herangehensweise«: Lupino mit Anderson.

Natalia Ginzburg: Natalia Ginzburg, *It's Hard to Talk About Yourself*, Chicago 2003. Natalia Ginzburg, *The Little Virtues*, New York 1985.

»Sie trug eine Stille«: Ginzburg, Vorwort von Lisa Ginzburg in *It's Hard to Talk*, S. ix.
»Ich konnte nicht«: Ginzburg, *Little Virtues*, S. 62.
»gierig und voller Freude«: Ebd., S. 63.
»tiefster Melancholie«: Ginzburg, *It's Hard to Talk*, S. 84.
»Geheimnissen und Schatten«: Ginzburg, *Little Virtues*, S. 65.
»Man darf sich nicht«: Ebd., S. 66.
»Ich muss sagen«: Ginzburg, *It's Hard to Talk*, S. 84.

Harriet Beecher Stowe: Joan D. Hedrick, *Harriet Beecher Stowe: A Life*, New York 1994. Annie Fields (Hg.), *Life and Letters of Harriet Beecher Stowe*, Boston 1898.
»Wenn ich schreiben will«: Zitiert in Fields, S. 104.
»Seit ich diesen Brief«: Zitiert in Hedrick, S. 195.
»Das Kinderzimmer«: Zitiert ebd., S. 239.
»belagert mit Ersuchen«: Zitiert ebd., S. 246.
»alles in ihrer Macht Stehende«: Zitiert ebd., S. 260.

Louisa May Alcott: John Matteson, *Eden's Outcasts: The Story of Louisa May Alcott and Her Father*, New York 2007. Susan Cheever, *Louisa May Alcott*, New York 2010. Martha Saxton, *Louisa May: A Modern Biography of Louisa May Alcott*, Boston 1977. Louisa May Alcott, *Betty und ihre Schwestern*, Stuttgart 1959, übersetzt von Inge Artl. Nava Atlas, *The Literary Ladies' Guide to the Writing Life*, South Portland 2011.
»Dieser Energieschub ergriff«: Zitiert in Saxton, S. 274.
»Alle paar Wochen«: Alcott, *Betty und ihre Schwestern*, S. 222 f.
»Konversationsschlagbaum«: Matteson, S. 334.
»Blut- und Donnermärchen«: Zitiert in Cheever, S. 108.
»Mädchenbuch«: Saxton, S. 3. Die Originalausgabe von *Betty und ihre Schwestern* trug zunächst den Untertitel *A Girl's Book*.
»Ich stecke so tief«: Zitiert ebd., S. 219.
»Es macht mir keinen Spaß«: Zitiert in Atlas, S. 165.
»höchstens noch zwei Stunden«: Vgl. Atlas, S. 67.

Rosa Bonheur: Anna Klumpke, *Rosa Bonheur: The Artist's (Auto)biography*, Ann Arbor 2001. Dore Ashton mit Denise Browne Hare, *Rosa Bonheur: A*

Life and a Legend, New York 1981.
»Ich missbillige Frauen«: Zitiert in Klumpke, S. xxxii.
»Ich gehe immer«: Zitiert in Klumpke, S. 33.
»Nun vertändele ich«: Zitiert ebd., S. 39.
»aller Arten und Farben«: Ebd., S. 201.
»Nicht im Geringsten«: Zitiert ebd., S. 202.
»Hunde, Pferde, Ochsen«: Ebd., S. 203.
»Abends kommt sie«: Zitiert in Ashton mit Hare, S. 171.
»eine Art Hütte«: Zitiert ebd., S. 163.
»Ich bin eine alte Ratte«: Zitiert ebd., S. 159.

Charlotte Brontë: Elizabeth Gaskell, *The Life of Charlotte Brontë*, New York 1997. Margaret Smith (Hg.), *The Letters of Charlotte Brontë, Volume One: 1829–1847*, Oxford 1995.
»Mir ist bewusster«: Zitiert in Smith, S. 191.
»Manchmal verstrichen Wochen«: Gaskell, S. 233.
»Charlotte erzählte mir«: Ebd., S. 235.

Katherine Anne Porter: Joan Givner (Hg.), *Katherine Anne Porter: Conversations*, Jackson 1987. Interview mit Barbara Thompson Davis, »Katherine Anne Porter, The Art of Fiction No. 29«, in: *The Paris Review*, Winter–Spring 1963. Joan Givner, *Katherine Anne Porter: A Life*, New York. Truman Capote, *Erhörte Gebete*, Zürich 2007, übersetzt von Heidi Zerning.
»langweiliger Nebenjobs«: Interview mit Davis.
»Die Grippe teilte«: Ebd.
»Ich habe ungefähr«: Ebd.
»von kontrollierter und begrenzter«: Capote, S. 26.
»widerstand [Porter] niemals«: Givner, *A Life*, S. 165.
»Im Grunde geht mir«: Zitiert in Givner, Conversations, S. 142.
»Ich saß da oben«: Interview mit Davis.
»Die Entfremdung«: Zitiert in Givner, Conversations, S. 65.

Tamara de Lempicka: Laura Claridge, *Tamara de Lempicka: A Life of Deco and Decadence*, New York 1999. Judith Mackrell, Flappers: *Six Women of a Dangerous Generation*, New York 2013. Baroness Kizette de Lempicka-Foxhall mit Charles Phillips, *Malerin aus Leidenschaft – Femme fatale der 20er*

Jahre, München 1987, übersetzt von Bettina Runge.
»Das arme Baby«: Zitiert in Mackrell, S. 78.
»Im Herbst 1922«: Claridge, S. 91.
»Eine Künstlerin hat die Pflicht«: Zitiert in Mackrell, S. 108.
»Es gibt keine Wunder«: Zitiert in Lempicka-Foxhall mit Phillips.

Käthe Kollwitz: Martha Kearns, *Käthe Kollwitz: Woman and Artist*, Old Westbury 1976. Hans Kollwitz (Hg.), *Käthe Kollwitz. Tagebuchblätter und Briefe*, Berlin 1948.
»Sie schrieb in ihrem Tagebuch«: Vgl. Hans Kollwitz.
»Sie hatte wie in«: Kearns, S. 63.
»Ihrem Sohn Hans zufolge«: Vgl. Hans Kollwitz.
»Nie scheint der Tod«: Zitiert in Kearns, S. 192.

Barbara Hepworth. Barbara Hepworth und Sophie Bowness (Hg.): *Writings and Conversations*, London 2015. Interview mit Cindy Nemser, in: *Art Talk: Conversations with 15 Women Artists*, New York 1995.
»Im Grunde bin ich«: Hepworth und Bowness, S. 153.
»Man macht eine Phase«: Hepworth und Bowness, S. 207.
»Ich habe meinen Beruf«: Hepworth und Bowness, S. 225 f.
»Um wirklich voranzukommen«: Hepworth und Bowness, S. 271.
»Ich musste mich sehr«: Hepworth und Bowness, S. 278 f.
»Unser Leben drehte sich«: Zitiert in Nemser, S. 14.
»Licht und Raum«: Hepworth und Bowness, S. 134.
»Ich spiele natürlich«: Hepworth und Bowness, S. 283.

Margaret Mitchell: Darden Asbury Pyron, *Southern Daughter: The Life of Margaret Mitchell*, New York 1991. Anne Edwards, *Road to Tara: The Life of Margaret Mitchell*, New Haven 1983. Ellen F. Brown und John Wiley, Jr., *Margaret Mitchell's Gone with the Wind: A Bestseller's Odyssey from Atlanta to Hollywood*, Lanham 2011.
»Weder fällt mir«: Zitiert in Pyron, S. 278.
»Das Schreiben ist«: Zitiert ebd., S. 233.
»mindestens zwanzigmal«: Zitiert ebd., S. 280.
»etwas Seltsames«: Zitiert in Edwards, S. 137.
»Ich bat nicht nur«: Zitiert in Pyron, S. 223.

»Um nichts in der Welt«: Zitiert in Edwards, S.223.

Penelope Fitzgerald: Hermione Lee, *Penelope Fitzgerald: A Life*, New York 2014. Penelope Fitzgerald, *The Afterlife*, New York 2003. Joan Acocella, »Assassination on a Small Scale«, in: *The New Yorker*, 07.02.2000.
»Ich hoffe«: Zitiert in Lee, S.324.
»Ich betrachte die Kunst«: Zitiert ebd., S.186.
»Wenn stapelweise«: Zitiert ebd., S.191.
»wenn ich Freistunden hatte«: Zitiert ebd., S.207.
»Ich ärgere mich sehr«: Zitiert ebd., S.215.
»Ich bin meinen tiefsten«: Fitzgerald, S.347.

Birgit Nilsson: Winthrop Sargeant, *Divas*, New York 1973. Interview mit Bruce Duffie, »Birgit Nilsson – A Celebration«, 20.04.1988, http://www.bruceduffie.com/nilsson.html. Bernard Holland, »Birgit Nilsson, Soprano Legend Who Tamed Wagner, Dies at 87«, in: *The New York Times*, 12.01.2006.
»Ich mache nichts Besonderes«: Zitiert in Holland.
»Bequeme Schuhe«: Zitiert ebd.
»Schriftsteller und Maler«: Interview mit Duffie.
»wenn man zu lange pausiert«: Zitiert in Sargeant, S.111.
»Ich kann nicht gleichzeitig«: Zitiert ebd., S.110.
»Ich mag den Ausdruck«: Zitiert ebd., S.107 f.
»auf perfekte Weise«: Ebd., S.114.

Joan Mitchell: Patricia Albers, *Joan Mitchell: Lady Painter*, New York 2011. Eleanor Munro, *Originals: American Women Artists*, New York 2000. Deborah Solomon, »In Monet's Light«, in: *The New York Times Magazine*, 24.11.1991.
»Man hat das Gefühl«: Zitiert in Solomon.
»Dadurch könne sie besser«: Zitiert in Albers, S.xx.
»in den Malmodus geschaltet«: Zitiert ebd., S.193.
»nahm sie bei mindestens«: Ebd., S.226.
»nicht malen [konnte]«: Zitiert ebd., S.320.
»Von wegen ›Action Painting‹«: Zitiert in Solomon.
»Wie sieht denn«: Munro, S.237.
»Nicht immer«: Zitiert ebd.

»eine Tasche mit dem«: Albers, S. 380.
»wie ein Ort«: Zitiert ebd, S. 377.
»Niemand kann malen«: Zitiert ebd., S. 14.

Niki de Saint Phalle: Niki de Saint Phalle, *Traces. Remembering 1930–1949. Eine Autobiographie*, Lausanne 2000, übersetzt von Gabi Geiser. Niki de Saint Phalle, *Harry and Me: The Family Years, 1950–1960*, Zürich 2006. Christiane Weidemann, *Niki de Saint Phalle*, München 2014. Ariel Levy, »Beautiful Monsters«, in: *The New Yorker*, 28.04.2016.
»Du bist also«: Zitiert in Saint Phalle, *Harry and Me*, S. 115.
»künstlerisches Abenteuer«: Zitiert in Weidemann, S. 76.
»Mein geheimer«: Zitiert ebd., S. 36.
»Ich genoss«: Zitiert ebd., S. 79.
»Begeisterung ist ein Virus«: Saint Phalle, *Traces*, S. 121.

Carolee Schneemann: Telefoninterview mit Mason Currey, 29.03.2017.

Carole King: Interview mit Paul Zollo, »Carole King«, in: Paul Zollo, *Songwriters on Songwriting*, Cambridge 2003, S. 141–147. Carole King, *A Natural Woman: A Memoir*, New York 2012.
»Ich bin einer von diesen«: King, S. 253.
»Am besten macht man«: Interview mit Zollo, S. 143.
»Wenn das Ich«: King, S. 364.
»wenn die Kunst«: Ebd., S. 364 f.

Jessye Norman: Jessye Norman, *I Sing the Music of My Heart. Erinnerungen*, München 2015, übersetzt von Birgit Brandau. © 2015 dtv Verlagsgesellschaft mbH & Co. KG, München
»Ich halte nichts«: Norman, S. 244.
»Hydration«: Ebd., S. 245.

Joan Jonas: Telefoninterview mit Mason Currey, 15.05.2017.

Doris Lessing: Doris Lessing, *Walking in the Shade: Volume Two of My Autobiography, 1949–1962*, New York 1998. Doris Lessing, *Under My Skin: Volume One of My Autobiography, to 1949*, New York 1994. Carole Klein, *Doris Lessing: A Biography*, New York 2000. Interview mit Dwight Garner,

»A Notorious Life«, in: *Salon*, 11.11.1997. Sameer Rahim, »Doris Lessing: In Her Own Words«, in: *Telegraph*, 17.11.2013.
»Was ich getan habe«: Interview mit Garner.
»Niemand kann mit einem Kind«: Zitiert in Rahim.
»Es gab eine Gruppe«: Lessing, *Under My Skin*, S.410.
»Ich wachte morgens«: Lessing, *Walking in the Shade*, S.102.
»Ich laufe hin und her«: Ebd., S.103.
»siebentausend Wörter«: Vgl. Klein, S.134.
»körperliche Bewegung«: Lessing, *Walking in the Shade*, S.103.
»Malerinnen laufen auch«: Ebd.
»Wenn wir [Schriftstellerinnen]«: Ebd., S.136 f.

BILDNACHWEISE

S.33 Fotograf unbekannt

S.41 Fotografie von E. F. Cooper © Edith Wharton Collection, Yale Collection of American Literature, Beinecke Rare Book and Manuscript Library, Yale University

S.58 Porträt von François D'Albert Durade

S.75 Fotografie von Roland Godefroy

S.133 Fotografie von Carl Van Vechten

S.136 Fotografie von Carl Van Vechten

S.165 Nation-Wide News Service/Library of Congress, Manuscript Division, Edna St. Vincent Millay Papers

S.201 Porträt von Anna Klumpke

S.218 Fotograf unbekannt

Ebenfalls erhältlich:

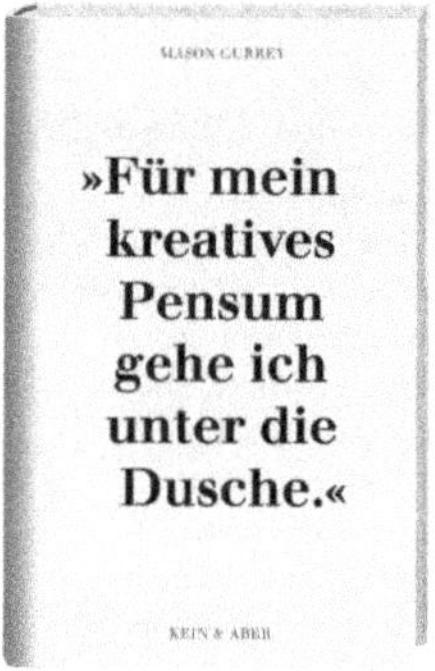

Mason Currey
MUSENKÜSSE
Die täglichen Rituale berühmter Künstler
gebunden, 272 Seiten
ISBN 978-3-0369-5694-7

Kafka · Joyce · Proust · Beckett · Satie · van Gogh · Picasso · Sartre · Schostakowitsch · Strawinski · O'Keeffe · Bacon · de Beauvoir · Wolfe · Highsmith · Fellini · Bergman · Freud · Mahler · Strauss · Matisse · Miró · Stein · Hemingway · Fitzgerald · Faulkner · Miller · Capote · Sitwell · Hobbes · Voltaire · Franklin · Mozart · van Beethoven · Kant · Austen · Munro · Eco · Grass · Allen · Lynch · King · Tharp · Abramović · Richter · Franzen · Wallace · Adams · Schulz · McCullers · Murakami · Morrison · Roth · Updike · Warhol · de Kooning · Wright · Bell · Einstein · Erdős · Armstrong · Gould · Hamsun · Simenon · Nabokov · Le Corbusier · Rand · Orwell · Eliot · Yeats · Christie · Mann · Marx · James · Tschaikowski · Chopin · Tolstoi · Twain · Melville · Darwin · Kierkegaard · Dickens · Balzac · Liszt · Schubert · Johnson · Goethe · Schiller

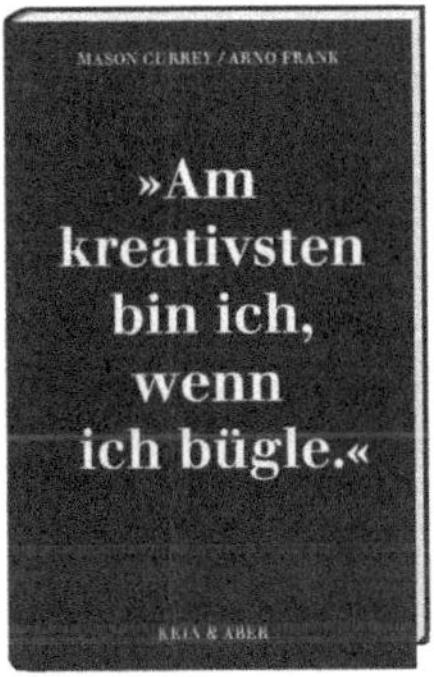
MASON CURREY / ARNO FRANK
»Am kreativsten bin ich, wenn ich bügle.«
KEIN & ABER